KB266987

독공법
讀工法

독서와 공부를 한번에 끝내는

독공법

초판 1쇄 발행   2017년 05월 10일

글쓴이   김을호

펴낸이   김왕기
편집부   원선화, 이민형, 김한솔
마케팅   임동건
디자인   푸른영토 디자인실

펴낸곳   **(주)푸른영토**
　　　　　主소　　　경기도 고양시 일산동구 장항동 865 코오롱레이크폴리스1차 A동 908호
　　　　　전화　　　(대표)031-925-2327, 070-7477-0386~9
　　　　　팩스　　　031-925-2328
　　　　　등록번호　제2005-24호(2005년 4월 15일)
　　　　　전자우편　designkwk@me.com

ISBN 979-11-88292- 13-4 15320
ⓒ김을호, 2017

독서와 공부를 한번에 끝내는

독공법

讀工法

김을호 지음

푸른영토

학생으로서, 그리고 충실한 독자로서의 삶을 제외하고 내 삶에 독서가 중요한 화두로 등장한 때는 20여 년 전으로 거슬러 올라간다. 지난 1992년에 시작하여 2012년 21회를 맞은 '대통령상 타기 전국 고전 읽기 백일장 대회'를 통해 나는 비로소 진정한 의미에서 독서의 중요성에 대해 생각하게 되었다.

사단법인 국민독서문화진흥회의 회장으로서 독서가 얼마나 중요한지, 그 중요성을 인식시키는 것은 본연의 의무에 속한다. 다른 말로 하면 내가 아무리 독서의 중요성에 대해 떠들어대도 저 사람은 직업이 독서와 관련되어 있으니 자기 임무가 중요하다고 선전하는 거겠지, 하고 홍보성 발언 정도로 평가절하 한다는 뜻이다. 그러면 어떻게 해야 할 것인가. 이

것이 나를 밤이나 낮이나 따라다니는 숙제였다. 그러다가 문득 깨달았다. 독서가 중요하니 하라고 말하는 것보다 '독서는 아무리 중요해도 시작하기가 어려우니 내가 쉬운 방법을 가르쳐주겠노라'고 팔을 걷어붙이고 행동으로 나서는 것이 효과적이라는 사실을. 이것이 내가 독서를 제대로 하는 법을 전수하는 책을 써야겠다고 결심한 동기다.

이웃 일본에서는 한 사람이 1년에 40권을 읽는다고 한다. 그럼 우리는 1년에 몇 권의 책을 읽을까? 아쉽게도 채 한 권이 되지 못한다. 0.8권. 이것이 우리의 현실이다. 그나마도 책을 억지로나마 읽는 어린이나 청소년을 제외하면 그 수치는 차마 입 밖으로 소리내기 부끄러울 정도다. 일본에 비해 우리의 사회적 스트레스 수치가 높다는 것을 감안한다 하더라도 부끄럽기는 마찬가지다. 축구에서 이기는 것도 중요하고, 야구에서 이기는 것도 중요하다. 하지만 과학기술의 뿌리가 독서에 있다는 것을 생각하면 앞으로가 걱정스럽기만 하다.

하지만 책을 읽지 않는다고 탓을 할 수는 없다. 그동안 우리는 입시에만, 사는 데만 매달리느라고 제대로 독서하는 법을 배우지 못했다. 독서를 해야 하는 이유도 배우지 못했다. 그러다 보니 독서를 해야 하는 이유도, 독서를 하는 방법도 잘 알지 못한다.

이 책 《독공법》은 책 읽기를 어려워하는 사람, 무엇을 읽어야 할지 모르는 사람, 그리고 무엇보다도 책을 왜 읽어야 하는지 모르겠다고 불평하는 사람을 위해 쓰였다. 책 읽기를 싫어하는 사람에게는 쉬운 방법을 찾아주고, 무엇을 읽어야 할지 모르는 사람에게는 책을 선택할 수 있는 눈을 주고, 책을 왜 읽어야 할지 모르겠다고 하는 사람에게는 동기를 주기 위해 쓰였다. 그리고 책을 통해 꿈을 찾고, 행복을 찾기를 바라는 마음으로 쓰였다.

책은 많은 지식을 쏟아내기도 하고, 많은 길을 보여주기도 한다. 우리 청소년들에게 책이 중요한 이유가 바로 여기에 있다. 자신만의 꿈과 끼는 저절로 알게 되는 것이 아니다. 옆에서 알려준다고 해서 그게 정답이라는 보장도 없다. 스스로 찾아야 하는 것이다. 그런 의미에서 책은, 독서는 진정한 나를 찾아가는, 나의 미래를 찾는 가장 손쉬운 방법일지도 모른다.

책이 어려운 것이 아니다. 단지 책을 읽을 수 있는 마음의 여유와 그 방법을 모르고 있을 뿐이다. 부디 이 책으로 그 여유와 방법을 찾기 바란다.

김을호

독서가 정답이다

전 법제처장, 변호사 이석연

나는 중학교를 졸업한 지 6개월 후에 대입 검정고시에 합격했으나 곧바로 대학에 가지 않고 절에 들어갔다. 오로지 책을 읽기 위해서였다. 20개월 동안 300여 권 넘는 책을 읽었다. 세계문학, 동서양고전, 철학서, 역사서, 전기물 등이었다. 이때의 독서로부터 얻은 지식과 지혜가 지금까지 내 삶의 버팀목이 되고 있다.

책을 많이 읽고 생각하는 힘을 기른 사람들은 사고가 자유롭고 하는 일에 자신감을 갖는다. 아울러 무언가 새로운 것에 도전하는 모험심과 용기가 충일하다. 비록 시행착오를 겪을지라도 종국에는 제대로 된 길을 찾는다. 나는 공직자, 시민운동가, 법조인으로서 항상 '남이 가지 않는 길을 간다'는 모험과 도전의 정신으로 임했지만, 늘 책 속의 지혜와 함께했기 때문에 큰 틀에서 벗어난 적이 없었다. 그리고 소신의 일관성을 지켜왔다고 자부한다.

그런데 요즘 독자들은 참으로 영악하다. 바쁘다는 핑계로 자신에게 지금 필요한 것, 도움이 되는 것, 당장 써먹을 수 있는 것만 읽는다. 그리고 그것이 그 책의 모든 것인 양 얘기한다. 그나마도 귀찮으면 인터넷 세계를 기웃거린다. 제대로 책을 읽는 방법도, 왜 책을 읽어야 하는지도 모르고 있기 때문이다.

독서는 여가가 아니다. 결단력과 추진력으로 밀고 가는 중대한 계획이자 의지의 시험대다. 또한 장래의 자신을 형성하는 힘이자 근간이다. 그런 의미에서 김을호 회장의 이 책《독공법》은 올바른 독서계획과 독서방법은 물론이고 책의 구입에서 보관과 나눔까지, 책과 독서에 대한 모든 것을 전해주고 있다. 특히 청소년들에게 독서의 훌륭한 길라잡이 역할을 하리라고 본다. 부디 이 책을 읽고 많은 독자들이 독서에 대한 잘못된 습관을 고쳐 책 읽는 즐거움을 느껴보기를, 그리고 인생의 튼튼한 버팀목들을 하나씩 세워가기를 바란다.

자, 용기를 갖고 책을 펼쳐라

전 한국교육방송공사(EBS) 사장 **신용섭**

오늘 우리 아이들은 신음하고 있다. 입시에, 게임중독에, 학원폭력에……. 공부를 왜 해야 하는지 몰라 거리를 방황하고, 무엇을 하고 놀아야 할지 몰라서 게임에 매달리며, 생명의 소중함을 알지 못해 친구를 괴롭힌다. 방황하고 괴롭힘으로 즐거움을 찾으려 한다. 그리고 그런 아이들은 점점 늘어나고 있다. 그런데도 살기 바쁜 어른들은 아이들을 점점 사각지대로 내몰고, 그도 성에 차지 않으면 낙인찍는 것으로 책임을 다하려 한다.

이제 우리에게는 타인을 배려하는 마음, 책임감 있는 태도를 가진 성숙한 시민이 필요하다. 인성교육이 필요한 시점인 것이다. 또한 무릇 사람이라면 '요람에서 무덤까지' 배우고 익혀야 한다. 그런 의미에서 독서는 인성교육을 위한 가장 모범적인 해결책이자 전 생애를 걸쳐 배우고 익히는 데 가장 재미있고 편한 수단이다.

그런 의미에서 《독공법》의 출간은 참으로 반가운 일이다. 이 책은 독서하는 방법, 책을 고르는 기준, 심지어 책을 정리하는 기술까지를 우리에게 쉽게 알려준다. 또한 미래에 대한 밝은 꿈을 꾸라고 따뜻하게 조언한다.

《독공법》은 책을 평생친구로 삼기 위한 그 길 위에 내딛는 첫 번째 씩씩한 발걸음이 될 것이라 믿어 의심치 않는다. 자, 이제 용기를 갖고 책만 펼치면 된다.

공부할 때 우리를 찾아오는 고민

살아가기 위해 밥을 먹던 일만큼이나 독서를 하는 것이 당연했던 내 어린 시절, 세상에는 흉악범이 극히 드물었다. 조모 씨가 회칼을 휘둘러 인명을 살상함으로써 유명해지기 전까지는 조직폭력배들조차 기껏해야 야구방망이로 싸우는 게 고작이던 시절이었다. 그런데 그 사건 이후로 세상은 갈수록 흉포화되고 있었다. 묘하게도 그것은 일본발 게임이나 선정적이고 폭력적인 만화, 그리고 비디오 기기의 발달과 성장속도를 나란히 하고 있었다.

우연 같지 않은 우연……. 이 우연에 대해 많은 학자들이 나처럼 의문을 제기했음이 틀림없다. 지금 많은 뇌 과학자들과 범죄 심리학자들은 인간의 폭력성과 범죄 가능성은 인문교양 및 언어능력과 반비례한다는 사실을 다양한 분야에서 과학적으로 증명하고 있다.

'과학적인 검증까지 마쳤으니 이제 문제를 해결하는 것은 식은 죽 먹기가 아닌가.'

이렇게 생각하는 사람들이 많으리라 믿는다. 바로 책을 일상적으로 읽고 인문교양을 넓히며 문제를 대화로써 해결하는 사람들이다. 그러나 애초에 이런 사람들에게는 독서가 중요한 화두가 되지 않는다. 문제는 다른 곳에 있기 때문이다.

"읽어야 하는데 읽기가 싫다!"

이것이 바로 문제의 본질이다.

공부, 독서. 이 두 개의 화두를 놓고 학부모와 아이들은 일대 전쟁을 벌이곤 한다. 정말 중요한 문제는 책을 읽지 않는 부모들이 학생들에게 독서의 중요성을 역설하는 아이러니한 상황이 거의 모든 가정에서 벌어지고 있다는 사실이다. 반대로 학부모에게 물어보기로 하자.

"당신은 일주일에 책을 몇 권이나 읽습니까?"

그러면 그들은 대답할 것이다.

"우리도 학생 때는 밤새워 가면서 책을 읽었습니다."

한때 책을 많이 읽었던 것은 거론할 필요가 없다.

"지금 당신은 책을 가까이하는가?"

이 질문에 자신 있게 대답하지 못하는 사람이라면 자녀에게 독서를 강요할 자격이 없다고 말하고 싶다. 당신의 가정은 시간별로, 장소별로, 주제별로, 자투리 시간을 활용할 수 있는 각종 책을 쉽게 만나고 책을 ‘읽는다’는 분별조차 없이 숨 쉬듯 가까이 할 수 있는 환경인가? 그렇지 않다면 그런 환경을 먼저 만들어야 한다. 책이 많아야 한다는 뜻이 아니다. 쾌적한 서재가 있어야 한다는 뜻도 아니다. 그냥 몇 권이라도 책이 거기 있어 온 가족이 빈둥빈둥 보내는 시간이 없고 부모나 자녀가 종일 움직이는 비디오 화면에 넋을 빼앗기고 있지만 않다면 희망이 있다는 뜻이다. 그렇다면 이제 ‘독서’라는 말을 내려놓아도 좋다. 그런 환경을 만들 마음의 준비가 될 때까지 우리는 어떻게 하면 책을 ‘읽는다’는 느낌조차 없이 공기처럼 우리 곁에 가까이 할 수 있을까에 대해 함께 고민해보기로 한다.

엄마 몰래 재미있는 만화책을 참고서 사이에 숨겨놓고 읽어보거나 인터넷 강의 대신 웹툰을 읽으면서 낄낄거려 본 사람이라면 다 안다. 그것들을 읽어야 하는 필요성에 대해 설명하는 책이 출판되지 않는 이유를. 무슨 방법이 필요하겠는가? 내가 읽고 싶어서 읽는 건데. 만화나 웹툰을 보면서 ‘읽는다’라는 단어를 지겹게 떠올린 적이 있는가? 아마 없을 것이다. 그것들은 눈이라는 감각기관을 통해서 우리 몸 전체로 침입하는 바이러스 같은 것이다. 재미 바이러스……. 만일 공부를 바이러스성 열병에 전염되듯 할 수만 있다면 부모는 자녀들이 공부를 하는지 안 하는지 감시를 할 게 아니라 공부에만 빠져 자녀가 오타쿠가 되지 않을까 걱정해야 할 듯하다. 하고 싶어서 하는 일은 아무도 못 말린다.

'읽는다'는 말은 어쩔 수 없이 눈 운동을 하고 우격다짐으로 그 입력된 내용을 우리의 연하디연한 뇌에 밀어 넣어야 할 숙명을 일깨우는 불편한 단어다. 우리는 책을 읽지 말고 책 속으로 스며든 후 그 안에서 대답할 준비를 하고 기다리는 저자를 만나야 한다. 즉, 책을 읽는다는 것은 저자와 소통을 하는 것이다. 설명을 재미있게 하지 못하는 저자도 있고 능숙하게 하지 못하는 저자도 있다. 그런 저자들의 어법을 확인한 후 우리는 책이 가진 한계를 해부해야 한다. 이해할 수 없는 것이 끝까지 해결되지 않았을 때는 책 밖의 저자에게 직접 물을 각오가 되어 있어야 한다. 이것이 저자와의 대화이며 북콘서트라는 이름으로 행해지는 요즘의 출판이벤트다.

다시 한 번 강조하지만 책, 읽지 마라! 책이라는 불편한 종이의 벽을 넘어서서 저자와 이야기를 나눠라. 재미없고 읽을 가치도 없는 내용만 잔뜩 써놨다면 저자를 만나 아까운 시간을 낭비하게 한 데 대해 따질 준비를 하자. 당신의 시간은 소중하니까⋯⋯.

자녀가 책을 가까이하는 것을 원한다면 부모는 아이들을 차에 태워 학원에서 학원으로 나르지 말고 기꺼이 이 여행에 동참해서 함께 손잡고 걸어가라. 하지만 정말 마음만 먹으면 여행 가듯 모든 책을 즐겁게 읽을 수 있을까? 물론 아니다. 그렇다고 하는 사람이 있다면 그는 사기꾼일 가능성이 높다. 내 집이라도 열쇠로 열고 현관문의 방범장치를 해제해야 들어갈 수 있는 게 오늘날의 현실이다. 하물며 남이 사는 집은 어떠하랴.

우리는 우리를 초대한 이가 사는 건물 현관을 지나 그 집 앞까지만이라도 걸어갈 수 있는 다리의 힘을 길러야 하며, 문이 열리면 인사를 건네고 주인에게 우리가 찾아온 목적을 말하는 전례典禮적인 절차를 거쳐야 한다. 이 의식이 끝나면 우리는 일용할 음식을 대접받게 될 것이다.

　이제 떠날 준비가 되었다. 저 '책'이라는 건물의 주인이 사는 곳까지 우리 힘으로 뚜벅뚜벅 걸어가자.

차례

I

은근과 끈기로 책 읽기

은근과 끈기로 독서를 습관화하자
책을 끝까지 읽는 데는, 인간이 되기 위해 100일 동안
볕을 보지도 못 한 채 쑥과 마늘만으로 연명했던
웅녀의 은근과 끈기가 필요하다.

책은 왜 읽는가?
목표를 설정하고 책을 택하자

"책은 왜 읽는가?"라는 질문에 어떤 대답을 할지에 따라 우리는 상대방의 직업과 세대를 적어도 80퍼센트는 알아맞힐 수 있다. 한 대형서점이 구매고객의 성향을 분석해보니 30~40대는 전자책으로 나온 소설류를 가장 많이 구입했다고 한다. 실제로 우리는 수십, 수백 권의 전자책을 가벼운 단말기 하나에 넣고 일터로 가는 동안 잠깐씩 지하철이나 버스 등에서 부담 없이 즐기곤 하는 이들을 흔히 목격하고 있다. 그들은 경제적으로 가장 활발한 활동을 하는 세대이기도 하고 가장 바쁜 세대이기도 하며 컴퓨터 등 전자기기를 필수도구로 일에 활용하는 세대이기도 하다. 그래서 스트레스 역시 많은 세대이기도 하다. 때문에 소설을 통해 정서의 순화과정을 추구하는 것으로 보인다.

의외의 결과는 60대가 영어서적을 많이 읽는다는 사실이다. 이 세대는 과외공부의 폐해를 온몸으로 겪은, 과외망국론이 고개를 들게 한 세대이자 나라의 경제 기반을 다진 세대이며 초·중·고·대학 전 교육과정 동안 입시는 물론이고 대학에서 본고사를 치른 세대다. 식민지가 아닌 조국에서 교육 받은 두뇌들에 의해 번역된 질 높은 학술서, 문학서, 철학서 등 각종 인문서를 접할 기회가 많았으며, 컬러텔레비전이나 각종 오락의 범람에 오염되지 않은 유일한 세대이기도 하다. 게다가 이들은 독서열풍이 불던 70년대에 고등학교나 대학을 다녔다. 그래서일까? 이들은 나이가 들어서도 독서를 멈추지 않았다. 대한민국을 이루는 구성원 중 가장 책을 가까이한 세대라는 사실만은 부인할 수 없는 듯하다.

그렇다면 젊은 세대의 성향은 어떤가? 10대와 20대는 베르베르Bernard Werber의 과학소설 같은 외국소설을 즐겨 읽는다고 한다. 흥미를 추구하는 젊은이들의 독서경향에 고개가 끄덕여진다. 문제는, 흥미로 눈길을 끌고 초 단위로 뇌 회전을 요하는 활동적인 책보다는 딱딱하고 기억해야 하는 것이 빡빡하게 들어찬 지식 위주의 책을 읽어야 하는 것이 사실은 바로 이 세대라는 점이다. 10, 20대인 이들은 끓는 피와 활동력을 제어하고 60대가 선호한다는 영어뿐 아니라 교양이라는 종목까지 더 얹어서 읽어야 하는 것이다.

좋아하지 않는 일을 하는 것만큼 큰 고역도 없다. 하지만 무조건 피할 수도 없다. 그들을 기다리는 각종 관문은 학습과목의 성적을 요구하기 때문이다. 어차피 해야 할 일이라면 즐기며 할 필요가 있다. 즐기기 위한 첫 번째 조건은 '내'가 하는 이 일에 의미를 부여하는 것이다.

"나는 왜 이 책을 읽어야 하고 왜 공부를 해야 하는가?"

책과 공부는 떼려야 떼어놓을 수 없는 관계에 있다. 특히 책 속에서 정보를 찾아야 하는 입장이면 더욱 그렇다. 그래서 학생들은 열심히 책에 밑줄을 처가면서 읽은 내용을 기억하려고 애쓴다. 하지만 우리 뇌는 자신이 선호하는 것만을 기억해둔다. 뇌는 필요 없는 것은 기억하지 않으려는 경향이 있다.

베스트셀러가 된, 공부 방법을 제시하는 실용서의 저자는 "스피드를 올리면 공부가 보인다"고 말했다. 스피드는 꾸준하고 진득한 공부의 결과로 얻어진 결실이다. 따라서 이 저자가 제시한 명제는 소위 '선결문제 요구의 오류'에 빠져 있다. 이 명제가 참이라면 이번에는 "그러면 스피드를 어떻게 올리는가?"라는 문제를 해결해야 하기 때문이다. 그는 "공부를 하라"고 답할 것이다. 그리고 다음에는 또 이렇게 말할 것이다. "공부를 하려면 스피드를 올려라"라고. 끝없이 꼬리에 꼬리를 물고 이어지는 해결 요구에 결국 방법을 찾던 질문자는 답변 얻기를 포기하게 될 것이다.

우리는 웅녀의 아들 단군을 국조로 공표한 민족이다. 웅녀가 누구인가? 마늘은 맵고 쑥은 쓰며 동굴은 어둡고 답답하지만, 100일간 햇빛을 보지 않고 묵묵히 참고 견딘 결과 사람이 된 여인이다. 우리가 한 차원 낮은 단계에서 '저 높은 곳을 향하여' 가기 위해서는 웅녀와 같은 은근과 끈기가 필요하다. 그리고 그 저력은 이미 우리 DNA 속에 내장되어 있다.

이제 마늘과 쑥, 100일간 눈보라와 비바람으로부터 우리를 보호해줄 동굴만 찾으면 된다. 비록 그 동굴 속에 호랑이와 함께 있더라도 웅녀의 후손은 휘둘리지 않는다. 아니, 휘둘려서는 안 된다.

이 책은 책을 가까이하는 비교적 쉬운 방법을 다루고 있지만 단언하건대 책 읽는 것을 저절로 신명 나게 해줄 방법은 없다. 다만, 마늘과 쑥이 우리를 털가죽만 가진 동물에서 뇌를 사용할 줄 아는 인간으로 환골탈태하게 해줄 것이며, 어떻게 하면 마늘은 덜 맵게, 쑥은 덜 쓰게 먹을는지를 연구해서 제시하겠다는 약속만은 할 수 있다. 한 가지 장담할 수 있는 것은 마늘과 쑥은 조리를 잘하면 최상의 음식이라는 것, 그 맛을 알고 나면 결코 끊을 수 없다는 사실이다.

독서에
도움 되는
뇌 과학

뇌는 우리 신체 기관 중에서 가장 스트레스에 약하고 일단 세포가 파괴되면 재생되지 않는다. 뇌를 보호하기 위해서는 지나친 과로를 피해야 하고, 다음으로는 뇌를 구성하는 성분을 섭취할 필요가 있다. 따라서 우리는 이 뇌가 파괴되지 않도록 영양을 제때 공급하는 등 세심하게 관리할 필요가 있다. 다음은 뇌의 건강을 유지하기에 좋은 음식들이다.

호두 등 견과류, 브로콜리, 아보카도, 옥수수(배아), 해바라기 씨, 달걀, 연어

뇌 건강과 발달에 결정적인 영양소인 비타민 E가 풍부하게 들어 있다.

달걀, 우유, 말린 버섯, 등 푸른 생선

비타민 D가 많이 들어 있어 뇌를 튼튼하게 해준다.

바나나

비타민 C와 D가 많이 들어 있다. 신경전달물질과 호르몬 분비를 활발히 하고 심장기능을 향상시키며, 혈압을 낮춰주는 칼륨이 풍부하다.

바질Basile

동아시아 원산의 허브로 민트 종류다. 차로 마셔도 좋고 샐러드로 먹어도 좋다. 수험생들이 반드시 구해야 할 필수품 중 하나다. 두통, 신경과민, 불면증, 구내염의 강장 효과, 건위, 진정, 살균과 젖을 잘 나오게 하는 효능이 있으며 졸음을 방지하는 기능이 커피보다 뛰어나다. 특이한 것은 다른 식용식물과 비교할 때 압도적으로 인이 많다는 점이다. 인은 뇌신경을 이루는 중요 구성성분 중 하나로 하루 필요량이 1그램인데, 바질에는 100그램 당 235밀리그램의 인이 들어 있다.

책의 지형을 파악하라
분야별, 난이도별로 독서 속도를 조절하자

독서는 마라톤이다. 우리는 책을 읽기 위해 이제부터 마라토너들의 메달 획득 과정을 함께 따라가 보기로 한다. 마라토너들은 마라톤에 돌입하기 전에 자신이 뛰어야 할 곳을 방문해 코스를 익힌다. 이것은 42.195킬로미터라는 총 여정의 전반적인 난이도를 확인하기 위해서다. 이렇게 코스를 확인한 마라토너와 코치는 길의 경사와 주변 풍경, 출발점에서 얼마나 떨어졌는지 여부를 계산한 다음 전체 구간을 몇 등분해서 어떻게 페이스를 조절할는지 계획을 수립해야 한다. 마라톤을 시작하기 전에 이렇듯 철저한 사전조사를 바탕으로 작전을 짜두어야 하는 것이다.

물론 특수한 마라토너들도 있다. 마라톤을 위해 트레이닝을 하다 보면 누구나 심폐기능이 후천적으로 발달하게 되어 있지만 해녀의 아들임을 강조했던 황영조 선수처럼 다른 선수들과 비교가 안 될 정도로 타고난 폐활량이 큰 경우도 있다. 심폐기능을 나타내는 가장 기본적인 평가척도는 1분당 공기 중의 산소를 섭취할 수 있는 능력을 나타내는 최대산소섭취량Max VO2이다. 2011년 여름 체육과학연구원이 이봉주의 최대산소섭취량을 측정한 결과, 78.6밀리리터였다고 한다. 이는 일반인45밀리리터보다 무려 1.7배나 많은 양이다. 2시간6분50초의 세계신기록을 가진 에티오피아의 딘사모는 80.6밀리리터라고 한다. 그런데 몬주익1992년 바르셀로나 올림픽 마라톤대회가 열린 곳의 영웅, 한국 최초의 마라톤 금메달리스트인 황영조는 무려 최대산소섭취량이 82.5밀리리터나 된다. 만일 그가 산소탱크라고 불리는 박지성처럼 축구를 했다면 전·후반 경기 내내 지친 모습을 보이지 않고 쉼 없이 그라운드를 누볐을 것이다. 그러나 황영조 선수가 심폐기능이 뛰어나다고 해서 전술 없이 승리할 수 있었을까?

마라톤은 전략이다

황영조 선수가 몬주익에서 금메달을 거머쥘 수 있었던 데는 바로 그의 영민함이 한몫했다. 그는 마라톤에 걸맞은 체질을 바탕으로 치밀한 전략을 짜 적중시켰던 것이다. 이른바 '2위 전략'이었다. 42.195킬로미터라는 살인적인 일정 동안 몇 분의 1초 차이로 메달의 색깔이 바뀌는 상황에서는 우리가 미풍이라고 느끼는 바람조차도 엄청난 장애요인으로 작용할 수 있다. 1위로 달리는 선수는 그만큼 뒤따라오는 선수에 비해 공기의 저항을 많이 받는다. 반면 2위로 달리는 선수는 정지해 있는 공기를 1위가 헤집고 나가기 때문에 저항의 세기를 어느 정도 줄일 수 있다. 게다가 누군가 뒤에서 바싹 쫓아온다는 초조감에서 해방됨으로써 정신적인 소모를 줄일 수 있다. 뒤에 처진 선수들처럼 빨리 달려서 앞선 선수들과의 거리를 좁혀야 된다는 압박감에도 시달릴 필요가 없다.

몬주익에서 유력 후보였던 일본의 선수들은 첫째, 자만에 빠졌으며 둘째, 처음부터 선두그룹을 자신들이 차지함으로써 한국 선수들의 기를 죽이겠다는 오만하고 영양가 없는 전략을 선택했고 셋째, 전략이 계획대로 되지 않자 허둥거리며 스스로의 기가 약함을 증명하고 말았다. 1991년 동경 세계마라톤대회의 우승자인 타니구치 히로미는 맨 앞에서 뛰려고 서둘다가 그만 급수대 앞에서 넘어지고 말았고, 같은 대회 5위 시노하라 후토시는 한국신기록을 두 번이나 갈아치운 김완기에게 밀려났다. 이렇게 해서 일본 마라톤계의 신성 모리시타 고이치와 황영조, 김완기가 선두그룹을 형성했다. 시간이 지나면서 김완기가 처지고, 모리시타 고이치와 황영조가 1, 2등으로 마지막 4킬로미터를 나란히 뛰었다. 오랜 선두 유지로 지친 모리시타는 점점 거리를 좁혀오는 황영조와의 기 싸움에 피가 마르는 사이 몬주익의 내리막길이 시작되는 지점에 이르렀다. 그 순간 2위에 머물고 있던 황영조가 결승점을 앞두고 막판 스퍼트를 시작했다. 대한민국의 산소탱크, 황영조는 그동안 2위를 하면서 비축해둔 힘을 발휘하기 시작했다. 결국 결승점을 얼마 앞두고 황영조는 모리시타를 가볍게 제치고 열광하는 관중에게 손 키스를 날리면서 1위로 골인했다. 막판 스퍼트의 힘은 분명 그의 '산소탱크' 덕이지만 그 타고난 체질을 빛나게 한 것은 그동안의 꾸준한 연습과 영민한 전략이었다.

독서는 마라톤이다

마라토너의 체질을 독서에 비유한다면 황영조 선수는 천성적으로 책 읽기를 좋아하고 아무리 많이 읽어도 질리지 않아 하며 어려운 책, 쉬운 책, 혹은 재미없는 책도 문제없이 읽어내는 독서영재라 할 것이다. 하지만 독서영재라고 하더라도 전략적 개념 없이 책에 달려드는 것보다는 치밀한 전략을 세워 훗날까지 유용하게 적용될 자신만의 독서 스타일과 노하우를 축적하는 것이 롱런하는 길이 될 것이다. 그렇다면 어떤 전략을 짤 것인가? 일생이라는 독서 레이스, 적어도 길고 긴 학창기의 독서 레이스를 마라톤 코스로 본다면 이 코스를 어떻게 분배해 어떻게 영민하게 짤 것인가? 그것이 최후의 승리자가 되게 할 관건인 것이다. 급수대가 지친 마라토너에게 오아시스 같은 곳임에도 불구하고 일본의 타니구치 히로미가 하필 거기서 넘어졌듯이, 독서의 권태감에서 해방시켜 줄 오아시스를 물 한 모금 마시지 않고 조급한 마음에 지나쳐 버리거나, 앞으로의 힘든 상황에 대비해 물을 벌컥벌컥 무절제하게 마셔버린다면 독서의 험난한 마라톤에서도 자기 페이스를 잃고 넘어지기 쉽다. 따라서 지형에 따른 전략에 대해 간략하게 조언하고자 한다.

우리의 마라톤 독서 코스에는 곳곳에 급수대가 설치되어 있을 뿐만 아니라, 오르막길도 있으며 내리막길도 있고 때로는 자동차들이 달리는 탄탄대로도 있다. 독서를 시작하기 전에 동행을 원하는 사람들은 트레이너가 되어 마라톤 주자인 학생들, 자녀들과 함께 마라톤 코스를 돌아보라고 말하고 싶다.

첫 코스는 초등학교에서의 읽기, 쓰기, 말하기, 듣기 교과과정이다. 여기서 우리는 어린이들의 자질을 시험하고 길러주게 된다. 중등 코스는 국어와 문법과정으로 나뉜다. 고등 코스에는 여기에 고전과 논술이 추가된다. 입시생들을 지도하던 교사들의 증언에 따르면 강남, 강북에서 각각 전통과 실력을 자랑하던 고등학교의 전교 20위 이내 학생들이 국어과목을 어려워하고 있으며, 그 성적을 올리는 막판 스퍼트를 못 해서 고민하고 있다고 한다. 대부분의 사람들이 '국어는 성적을 따기 위해 있는 과목'이라고 믿고 있는 현실에 비하면 전 과목이 수석에 가까운 이 학생들의 고전은 의외의 사건이라 하겠다. 하지만 국어가 이 아이들의 성적을 갉아먹고 있던 이유는 간단했다. 비논리적인 사고와 문학에 대한 기본적인 자양분 결핍, 그것이었다.

만약 수학능력시험까지는 2개월 남짓한 시간이 남아 있다고 가정해보자. 이런 경우 우리는 그 짧은 시간 안에 고전, 설화, 문학을 한꺼번에 학생들의 머리에 채워 넣어주어야 한다. 그러나 그 많은 작품을 온전히 읽어내는 일은 쉽지 않다. 나는 가장 먼저 이런 경우 창작이 가미된 잡다한 책을 배제하고 원본에 충실하면서 가장 축약이 잘되어 있는 책을 선택한다. 이른바 유치원 졸업반이나 초등학교 저학년 학생들이 읽는 책들이다. 물론 이런 책을 읽는다는 사실에 충격을 받는 학생이 있을 수 있다.

그러나 굴해서는 안 된다. 일단 그 책들을 섭렵하게 한 다음에는 초등학교 고학년부터 중학생까지가 대상인 24권짜리 논술 고전 시리즈를 권한다. 마지막으로 다섯 권으로 압축된 한국문학 대표단편선집을 읽힌다. 이 과정은 전체를 다 수행하는 데 열흘밖에 걸리지 않는다. 그러나 놀라운 것은 그 후의 국어 점수가 무섭게 상승한다는 점이다. 물론 몇 년에 걸쳐 축적했어야 할 문학적 지식과 소양을 당일치기로 익힌 이 아이들을, 지식과 생각이 쌓이고 버무려져 발효되어야 발휘되는 논술실력으로 평가했다면? 결과는 다르게 나타났을 것이다. 하지만 분명한 것은 어린 시절에 재미있게 읽는 동화책과 학교에서 제공하는 추천도서만 꾸준히 읽어도 학원 몇 개를 다닌 것보다 효과를 볼 수 있다는 사실이다.

요즘 학부모들은 영재교육을 한다고 아이들을 영어학원과 수학학원으로 내몰고 있다. 하지만 정작 우리가 가장 시급하게 해야 할 일이란 길고 긴 독서 코스의 조감도를 내려다보고 적시에 적소에서 읽어야 할 책을 꾸준히 건네주는 일이다. 아이들의 즐거운 독서는 울면서 혹은 수면 부족으로 졸면서 학원에 가는 일보다 훨씬 큰 성과를 가져온다. 따라서 학부모들은 적어도 초·중·고 과정에서 자녀들이 읽기에 좋은 책과 입시에 필요한 책을 구분해 목록을 만들고, 각 책이 자녀의 어떤 면에 필요하고 어떤 면을 향상시키는지 분석해야 한다.

책 읽기를 좋아하는 학생들은 대개 학기가 바뀔 때쯤 다음 교과서를 받자마자 국어책부터 펼쳐 들고 소설 읽듯이 한 번에 책 한 권을 쭉 훑어보곤 한다. 이것은 마라톤 코스의 구간 지형을 확인하는 과정이다. 이런 과정을 통해 그들의 머리에는 희미하게나마 해당 코스에 대한 윤곽이 잡힌다. 그렇게 되면 몇 과쯤에서 어떤 책을 읽어야 하며 몇 과쯤에서는 어떤 과제가 주어질 것이므로, 미리 이러이러한 참고서적을 읽겠다는 전략 개념이 서게 된다. 남은 일은 학교 수업진도에 맞춰 그 과목을 세세하게 정독하고 분석하는 것이다. 이 과정에서 내용의 암기는 결과는 덤으로 따라온다.

책이 귀해서 국어책을 받으면 미리 통독과 정독을 번갈아 하던 세대들에게 국어는 공부해야 할 과목이 아니라 점수를 따는 과목이었다. 이 책을 읽는 독자가 학부모라면 이제 그 노하우를 자녀들에게 전수할 때가 되었다. 그리고 학생독자들은 '올드보이'들이 독서에 있어서는 아직 '영맨'인 이유를 벤치마킹할 필요가 있다.

그렇다면 부모들은 자신이 낳고 길렀다는 이유만으로 자녀들을 제대로 파악할 수 있을까? 어린 시절의 기억, 아름다운 기억, 사랑하는 사람과의 기억, 그들과의 만남을 독서로 만들게 해주어야 한다. 우리는 세상에 태어난 순간 어머니를 만나고 차차 만남의 범위를 넓혀가게 된다. 매 순간의 정신적인 경험이 쌓여 우리에게 오늘이 있게 되었다. 아직 그 여정의 중도에 서 있는 자녀를 훈계하려 들지 말고 그들의 정신적 경험 또한 존중해주어야 한다. 그리고 독서의 길고 긴 여정에 참여함으로써 공통의 기억을 만들어 나가는 게 중요하다.

이제부터 읽어야 할 것이 학습서인지, 교양서인지, 무료함을 달래줄 책인지, 각각 어느 시점에 읽는 것이 좋을는지 등등 책의 지형地形을 파악해야 한다. 그리고 마라톤 코스의 급수대, 즉 교과과정에서의 오아시스를 최대한 활용해야 한다.

학생들의 생활은 학교 교과과정에 의해 절대적인 영향을 받는다. 학창 시절이라는 마라톤 코스에서 학기마다 주어지는 방학은 코스의 지형이 바뀔 때마다, 그리고 일정한 지점을 지날 때마다 마련된 마라톤 경기의 급수대와 같다. 마라토너들은 급수대에서 그동안 참아온 갈증을 달래고 뜨거워진 머리에 생수를 붓고 얼굴을 씻는 등의 행동을 한다. 여기서 시간을 줄이려고 허둥거리다가는 앞서 말한 비운의 마라토너 타니구치 히로미와 같은 운명을 맞을 확률이 높다. 숨 가쁘게 달려온 한 학기가 끝나면 학생들은 교과서와 과제 외에 여러 가지 하고 싶었던 일들을 조금이라도 할 수 있어야 한다. 이 기간을 삭막한 것으로 만들지 말자. 앞에서 언급했지만 뇌가 부위별로 성숙하기 전에 하는 선행학습은 공부에 대한 좌절감을 주고 해당 과목에 대한 두려움을 느끼게 해 오히려 성적을 떨어뜨린다. 성공의 경험은 뉴런의 시냅스와 시냅스를 긴밀하게 연결하며, 이런 경험이 쌓여 뇌가 단련되고 해마가 발달하며 성장한다.

뇌에도 휴가가 필요하다. 학교에 다니는 동안 우리 뇌는 여러 가지 학습서에 혹사당해 왔다. 국어, 수학, 과학, 사회 등의 주로 좌뇌를 혹사시키는 책만을 읽어왔던 것이다. 따라서 방학 때는 좌·우뇌를 동시에 활성화시켜 보기로 한다. 그러기 위해서는 좌뇌를 활성화시키는 책과 우뇌를 활성화시키는 책이 있는가 생각해볼 필요가 있다.

흔히 좌뇌를 활성화시키는 것은 지식을 전달하는 책이며 우뇌를 활성화시키는 것은 예술 활동이나 그림, 음악 등을 체험하는 것이라고 한다. 하지만 뇌를 연구하는 학자라도 좌뇌에 좋은 책과 우뇌에 좋은 책을 정확하게 가를 수는 없다. 감성을 자극하는 책이라도 문자로 쓰여 있고 정보전달체계는 문자라는 시각자극을 언어적으로 정보화해서 해마에 저장하므로 결과적으로 좌뇌를 쓰지 않을 수 없기 때문이다. 실제로 우리 뇌는 우뇌에서 받아들인 정보를 우뇌와 좌뇌를 연결하는 뇌량을 통해 좌뇌로 입력함으로써 추론도 하고 판단도 한다.

따라서 여기서 주장하는 것은 방학 때만큼은 책의 내용을 입력시키는 데 두 눈 외에 기꺼이 몸을 동참시키자는 것이다. 뇌의 정보처리 방식은 컴퓨터의 데이터 처리 방식과는 달라서 정확하지 않을는지는 모르지만 유사한 일들을 유추해 처리할 수 있는 융통성을 갖고 있다. 창의적 해결이 가능하다는 의미다. 컴퓨터의 검색 기능과 사람들이 즐기는 놀이 중 하나인 퀴즈 맞추기를 비교해볼 수 있겠다. 예전에 파일을 만들어 어딘가에 저장했는데 도저히 생각해낼 수 없어서 검색을 해본 기억이 누구에게나 한 번쯤은 있을 것으로 안다. 그런데 이 컴퓨터가 얼마나 멍청한지, 띄어쓰기를 잘못하거나 대문자, 소문자만 바꿔 써도 그런 파일을 찾을 수 없다는 융통성 없는 답변이 화면에 떠오른다. 그러나 어린아이들조차도 "사람이 아닌데 사람처럼 생겼고 요술방망이를 들고 다니며 메밀묵을 좋아하고……" 하는 순간 "도깨비!" 하고 외친다. 이렇게 인간의 뇌는 패턴를 이용해 똑똑한 컴퓨터보다 더 광범위하게 자료를 찾을 수 있다. 이런 종합적 능력은 좌뇌와 우뇌가 뇌량을 통해서 활발하게 정보를 주고받을 때 활성화된다.

좌·우뇌 동시개발을 위한 방학계획의 한 예를 들겠다. 《무량수전 배흘림기둥에 기대서서》라는 책을 통해 한국 전통가옥의 특징과 미를 배우고 싶다면 휴가 장소를 부석사 무량수전으로 정한 뒤 그 배흘림기둥에 기대서 본다. 무량수전의 은은한 촛불 빛, 향의 냄새, 벌레 소리, 그리고 둘러보는 동안 흘러내렸을 땀 한 방울이 그대로 살아 있는 지식으로 온몸에 스며드는 것을 느낄 수 있을 것이다. 이후로 '무량수전'이라는 단어는 그 훈훈한 빛과 향기와 목탁 소리나 풍경 소리의 기억으로 온몸에서 되살아난다. 이 순간 좌뇌와 우뇌가 똑같이, 활발하게 당시의 행복한 기억과 함께 부석사의 지리 정보, 역사적 의의 등의 정보를 주고받고 있음은 의심의 여지가 없다. 그러는 동안 슬그머니 부석사의 역사를 알려주는 책을 읽고 싶은 욕구가 일어날 수 있다. 그 감흥은 백제의 미술 특징에 대한 지식을 갈구하는 마음으로 표현될 수도 있고, 삼국시대 역사에 대한 탐구심으로 나타날 수도 있다. 이렇게 새로운 욕구를 느껴 읽은 책들은 시간이 흐른 후 탄탄한 역사 실력으로 저력을 발휘하게 된다. 평생독서라는 마라톤 코스 입구에서 전략적 개념의 결실로 축적된 이런 지식은 완주를 앞둔 시점에 막판 스퍼트로 연결될 수 있는 것이다. 어려서 읽은 전래 그림동화집이 훗날 수능 고전시험을 보는 밑천이 되듯이 말이다.

학기마다 맞는 방학과 초·중·고·대학이라는 진학의 연결고리를 이루는 시즌에 학교 교과과목과는 전혀 관계없는 듯 보이는, 머리를 식혀줄 책들을 급수대의 생수처럼 비치하자. 그리고 훗날 막판 스퍼트로 연결된다는 믿음을 가지고 즐기자. 설사 그것이 만화책이나 애니메이션이라도 조급해 하면 안 된다. 현재 도서 구매실적과 경제력이 가장 높은 30대가 초등학생이었을 무렵 텔레비전에서 방영된 〈베르사유의 장미〉는 오늘날의 30대에게 유럽외교사와 태양왕 루이 14세 궁정의 몰락, 프롤레타리아혁명의 원인과 시작 등을 입체적으로 가르친 일등공신이다. 학원과 학원을 떠돌았던 당시 초등학생들의 고단함을 잠시 달래주던 이 청량음료 같은 애니메이션은 지금의 30대가 세계사를 이해하는 저력이 되었다는 사실을 간과해서는 안 된다.

두께가 얇은 사전은
휴지통에 넣어라
단어 수가 많고 용례가 많은 사전으로 공부하자

'두께가 얇을수록, 어휘가 적을수록 좋은 사전이다.'

어떤 베스트셀러 작가가 가르쳐준 비결이다. 그러나 단언컨대, 두께가 얇은 사전은 휴지통에 넣어야 한다. 아마 휴대폰으로 인터넷사전 검색이 가능한 지금이 아니라 20년 전이었더라도 나는 이렇게 말했을 것이다. 누군가는 이런 의문을 가질 것이다. 어떻게 돈 주고 산 사전을 휴지통에 넣을 수 있다는 말인가? 이유인즉 이러하다. 인기 위주로 글을 쓰는 베스트셀러 작가의 주장과 달리 두꺼운 사전과 얇은 사전의 차이는 단순히 양적인 것이 아니고 근본적인 공부의 질에 있어서 하늘과 땅 차이가 나기 때문이다. 또한 가벼운 사전을 들고 다니며 쉽게 찾아보고 해석을 하다 보면 사고의 폭까지도 좁아지고 치열한 학구적 태도를 가지기 힘들기 때문이다.

　요즘 표준한국어의 방향을 제시하는 기관으로서 인정받고 있는 국립국어연구원의 《표준국어대사전》2000년 발행된 초판 2쇄의 경우에서 한 예를 들어본다. 이 사전의 제1권 1,973쪽에 쓰인 '마갑'에서 '마고할미' 사이에 수록되어 있는 단어는 총 33개로 그중에는 국어, 민속, 역사 등 각 분야에 관련된 단어들도 있다. 총 세 권으로 이루어진 이 사전에는 국어의 뜻뿐만 아니라 그 단어가 속한 분야의 꼭 필요한 해설, 역사적 사건 등을 설명해놓았다. 단어의 단순한 뜻풀이가 아니라 실제로 그 단어의 배경과 입체적인 의미를 설명함으로써 독자가 여러 문장에서 자유자재로 적용할 수 있도록 해준 것이다. 이런 사전을 찾는 것이 습관화되면 문화사 책이나 철학참고서 없이 단어 뜻을 찾는 것만으로 중요한 역사적, 문화사적 지식을 쌓을 수 있다. 반면 사전계에서는 불후의 명성을 가진 D출판사의 포켓용 사전의 경우 위의 두 단어를 포함해 그 사이에 단지 여섯 단어가 있을 뿐이다. 당연한 귀결이겠지만 두 사전에 공통으로 수록한 단어라 할지라도 포켓용 사전은 간단한 국어적 의미 한두 개를 제시할 뿐이다. 위에서 제시한 구간에 나오는 인명을 통해 두껍기 짝이 없는 《표준국어대사전》의 유용함을 한번 확인해보기로 한다. 물론 포켓용 사전에는 없는 내용이다.

마거릿(Marguerite) 몡 [인] 영국의 왕 헨리 6세의 왕비(1430-1482). 프랑스 앙

주(Anjou) 공 르네의 딸로, 1445년에 헨리 6세와 결혼하였으나 헨리 6세가 정
신병의 발작으로 정무를 맡지 못하게 되자 대신 집권하였다. 장미전쟁은 이
섭정권에 대한 랭커스터가와 요크서가의 싸움이었다. 그녀가 이 싸움에서 패
하자 헨리 6세와 아들 에드워드는 살해되고, 자신도 일시 유폐되었으나 프랑
스의 왕 루이 11세의 도움으로 석방되어 여생을 프랑스에서 보냈다.

이 뜻풀이에서는 간단하게나마 세계사에 대한 지식을 망라하고 있다.
우리는 이 단어를 찾아봄으로써 그 유명한 장미전쟁의 원인까지 알 수
있다. 또 '마계'라는 공통수록 단어를 보면 포켓용 사전에는 '악마의 세계'
라는 설명이 하나 붙어 있고, 《표준국어대사전》에는 다음과 같이 동음이
의어까지 제시되어 있다.

마계 1(馬契) 명 [역] 말을 세놓는 일을 목적으로 삼던 계.

마계 2 명 ① [식] = 삼주 ② [한] = 백출(白朮)

마계 3 명 악마의 세계.

　　비 = 마경(魔境)

한편 외국어사전에서 국어사전보다도 더 중요한 것이 용례의 수록 여
부다. 우리와 문법 체계가 다르기 때문에 그 단어가 들어간 문장을 해석
할 때 단순한 뜻 한두 개로는 완전히 다른 의미로 오역하게 될 수도 있기
때문이다.

중학교 1학년 학생 정도의 영어를 구사하는 사람들은 흔히 한국말로도 유머라고 부르는 단어 'humo(u)r'에 대해서 '재미있는', '해학이 넘치는' 정도로만 알고 있다. 서점에서 파는 단어암기장이나 얇은 사전에 그렇게 쓰여 있기 때문이다. 적어도 1990년대까지는 그랬다.

그런데 어떤 저자가 나쁜 사전이라고 지칭한 두꺼운 영어사전에는 'humor'가 다른 의미로 쓰이는 용례들이 여럿 추가되어 있다. 만일 이 문장이 해석문제로 주어졌을 때 작은 사전만으로만 공부해온 학생이라면 오역을 하거나 정답을 찾기 위해 골머리를 좀 썩이게 될 것이다. 위에서 언급한 포켓용 사전을 출판한 바로 그 출판사에서 발행한 두꺼운 사전에는 다양한 뜻과 그에 부합하는 용례가 잘 나와 있다. 우선 'humor'에는 '유머', '해학'이라는 뜻 외에 '어르고 비위를 맞춘다'는 뜻도 있다. 'humor a fretful child'에는 '보채는 아이를 어른다', '달랜다'는 뜻이 있다. 물론 아이가 보채면 어른들은 아이를 즐겁게 해주기 위해 "까꿍~!" 하기도 하고 업어주기도 한다. 이처럼 어원이 본래적 의미인 유머와 해학에서 유래되었다는 것을 추측할 수 있지만, 이제 막 외국어 공부를 시작한 학생들이 적합한 자국어를 스스로 찾아 외국어 문장을 제대로 번역할 것을 기대하기는 어렵다. 다음과 같은 문장이 주어졌다면 여러분은 어떻게 해석하겠는가? 이를 직역해보자.

So many men, so many minds, or Every man has his humor.

여러분이 만일 포켓용 사전을 보고 직역했다면 아마 '모든 사람은 나름의 해학유머을 가지고 있다'와 비슷한 번역문이 나왔을 것이다. 그런데 여기에 나오는 'humor'는 '해학'이라기보다 '기분'이나 'mind'에 가까운 말이다. 'mind'와 'heart'는 모두 '마음'이라고 번역하지만 'mind'는 영혼과 지혜, 각자의 성향에 영향을 받는 정신이라는 뉘앙스를 가지고 있다. 'heart'는 감정이 북받칠 때 가슴이 두근거린다는 사실에서 장기관을 지칭하는 심장과는 다른 뜻이 파생되었을 것이다. 우리 몸의 기본이 되고 생사를 좌우하는, 몸의 중앙에 자리 잡은 기관이므로 감정과 감동에 가까운 뉘앙스지만 많은 경우에 더 적합한 단어가 없어 'mind'와 똑같이 '마음'으로 번역하게 되는 것이다. 'heart'를 번역할 때 쓰는 '마음'이라는 말은 다음과 같은 용례에서 본래적 의미를 보다 잘 보여준다.

Her heart was rent with grief.
그녀는 슬픔으로 가슴이 갈기갈기 찢겼다.

두꺼운 영어사전에서는 위와 같은 여러 경우와 이런저런 뜻을 참작해 앞의 문장을 '세상에는 너무나 많은 사람이 있고, 그들 각각은 자신만의 생각을 가지고 있다', 즉 '사람의 마음은 가지각색이다'라고 해석했다. 'mind'를 '마음'으로 번역하고 'humor'를 이와 동의어로 파악함으로써 '해학'을 의미하는 'humor'와 차별화했다.

한편 위 문장에서 'humor'는 '기분'이라는 의미로 쓰였다. 이처럼 다양한 뜻과 용례를 시간이 나는 대로 찾아 이해하는 버릇이 들어야만 여러 문장에서 한 단어를 각각 어떤 의미로 해석해야 할는지 판단할 수 있다. 이런 이유로 번역 경험이 많지 않은 학생들이 사전을 손에 들고서도 해석을 못 해 쩔쩔매는 것이다.

때문에 얇은 사전을 쓰는 것은 자신의 어학적인 능력을 축소시키는 지름길이 된다. 얇은 사전 정도의 내용보다 훨씬 풍부한 정보를 인터넷 포털업체가 제공하는 사전에서 얻을 수 있다. 그리고 이 사전은 스마트폰을 이용한 검색만으로도 가능하다. 얇은 사전을 들고 다니는 것조차 짐이 되고 만 것이다.

'아무리 그래도 그렇지, 사전을 어떻게……!'

많은 독자가 이렇게 생각하고 있다는 것을 알고 있다. 물론 멀쩡한 책을 버린다는 것은 낭비임에 틀림없다. 그러나 다음에 소개하는 N씨는 이런 방법으로 영어를 정복했다.

N씨는 전통을 자랑하는 서울의 C여고에서 전교 1등을 놓친 적이 거의 없었다. 3년 동안 손가락으로 몇 번 꼽을 수 있을 정도? 그리고 당연하다는 듯 자연스럽게 서울대학교에 입학했다. 그런데 대학에 입학해보니 친구들은 두 손으로 들기도 벅찰 정도로 무거운 책들을 몇 권씩 끼고 다니는 것이었다. 안 그래도 각 학교에서 날고 긴다는 학생들만 진학한지라

서로가 서로에 대한 경쟁상대였고, 서로가 서로의 장점에 기죽어 우울함과 피곤함에 절어 살고 있을 때였다. 심심치 않게 자살하는 학우들도 생겼다. 결국 N씨도 남들처럼 두꺼운 토플 책을 사지 않을 수 없었다. 하지만 서점에서 토플 책을 구입한 날 가능한 한 우아한 모습으로 걸어가려고 무진 애를 쓰면서도 속으로는 너무 무거워 울어야 했다. 다시는 책을 가지고 다닐 엄두가 나지 않았다. 하지만 자투리 시간도 최대한 활용해야 간신히 살아남는 관악캠퍼스의 살벌한 분위기에서 맨손으로 다닐 수도 없었다. N씨는 극단적인 결정을 내렸다.

우선 집에 가서 토플의 차례부터 파악했다. 다음으로는 공강 시간과 수업을 들으러 건물에서 건물로 이동할 때의 자투리 시간에 공부할 토플의 단원별 진도표를 짰다. 그리고 진도에 따라 책장을 깔끔하게 떼어내 몇 백 원 하는 A4 크기의 파일을 사서 끼워 넣고 걷거나 밥을 먹을 때, 버스나 전철을 탈 때 꺼내 보면서 문제를 풀고 답을 외웠다. 1천 페이지가 넘는 토플 책을 하루에 세 장, 여섯 페이지씩 정복해 나갔다. 결국 6개월이 채 안 되어 한 권을 다 볼 수 있었다. 읽은 것들은 별도의 박스에 순서대로 차곡차곡 다시 쌓아놓았다. 그것을 두 번째로 가지고 다니면서 외우는 데는 3개월이 채 안 걸렸다. 이런 방식으로 N씨는 토플 책을 1년에 네 번 읽을 수 있었고, 다음 해 치른 토플 시험에서 우수한 성적을 받을 수 있었다.

휴지통에 잘 넣는 방법

- 찢어 익힌 날짜를 적어 박스에 차곡차곡 다져 넣는다.

- 두 번째 볼 때는 다른 색 볼펜으로 날짜를 적는다.

- 세 번째 볼 때는 중요한 곳과 세 번째 읽어도 생소한 내용에만 형광펜으로
  밑줄 긋는다.

- 네 번째 볼 때는 형광펜이 칠해진 부분만 본다.

여기 소개된 방법 외에도 못난 책을 잘 버리는 방법은 많다. 이제부터 소장가치가 없는 책을 어떻게 하면 잘 버렸다는 말을 들을지 고민해보는 것은 어떨는지. 자신만의 독창적 방법으로 얇고 단어 수가 적은 사전을 버리자. 정 버리기가 아깝다면 적어도 독해나 번역용으로는 쓰지 말자. 가장 조악한 사전은 자투리 시간에 브레인스토밍용으로나 써라.

글씨를 읽는 것은 누구인가
─속독법 1
책은 눈이 아니라 뇌가 읽는 것이다

1970년대였던 것으로 기억한다. 지금 학생들보다 부모님이나 선생님 등 어른들께 훨씬 순종적이었던 당시 청소년에게도 화두는 늘 공부였고, 누가 얼마나 책을 더 많이 읽었느냐였다. 청소년들은 어른들이 시키는 대로 속독을 위해 속셈학원에 다녔다. 이후 80년대에 들어서면서 텔레비전 화면이 컬러로 변했다. 책에 필적할 강력한 라이벌이 생긴 것이다. 그래도 책의 아성에 감히 도전할 정도는 아니었다. 오히려 텔레비전이 책을 더 많이 읽자는 캠페인을 벌이면서 속독법을 마치 초인적인 기억법과 한 세트인 것처럼 유행시켰다. 시험에 합격만 하면 순식간에 사회적 신분을 상승하게 해주는 사법고시, 행정고시, 외무고시의 신분상승 버스트로이카도 속독을 더욱 부추겼다. 소위 준비 기간은 일정하고 읽어야 할 책은 기본적으로 1천 페이지를 넘나드는 데다 공부해야 할 과목도 많고 참고서적은 기본서의 두세 배나 되는 고시의 경우 책을 빨리 읽는 것은 매우 중요한 것일 수밖에 없다. 이런 사회 풍조 속에서 텔레비전은 속독하는 어린 영재들을 출연시켜 1분에 몇 장이나 읽는지, 읽고 나서는 얼마나 기억하는지를 보여주는 쇼를 벌이곤 했다. 그런데 그런 프로그램에서조차 선전한 만큼의 성과나 효과는 보여주지 못했다.

사실 그런 결과가 나올 수밖에 없었다. 당시 속독의 비결이라고 텔레비전에서 설명한 것은, 백지 한 페이지를 4등분 하여 중간중간에 점을 찍어놓고 눈이 한 점을 응시할 때 주위가 어렴풋하게나마 보인다는 원리를 이용해 보다 시야에 많은 글씨를 우격다짐으로 밀어 넣으려는 눈 운동에 불과했으니 말이다. 원인은 책을 읽는 주체가 무엇인지에 대한 무지에 있었다. 눈은 생체이지만 컴퓨터 자판과 같은 입력기에 불과하다. 그 자극을 받아 정보를 처리하는 것은 우리 뇌다. 그렇다면 텔레비전 쇼에서는 누가 더 빨리 넓은 시야를 가지고 주위를 잽싸게 훑어보는가가 아니라 입력한 내용을 누가 가장 정확하고 빠르게 정보처리해서 지식으로 만드는가를 보여주었어야 했다. 간단히 말하면 책을 읽는 것은 두 눈이 아니라 뇌라는 사실을 그들은 간과했던 것이다. 책을 빨리 읽기 위해서는 눈을 훈련할 것이 아니라 뇌를 훈련하는 방법을 찾아야 하며, 그러기 위해 뇌의 특성부터 파악하는 것이 순서다.

우리 뇌는 어떤 양상으로 발육되는가? 뇌는 다른 신체처럼 똑같은 모양과 기능으로 태어나 크기만 자라는 것이 아니며, 각 부위마다 활발하게 성장하는 시기 또한 각각 다르다.

영 · 유아기(만 0~3세)

뇌가 가장 활발하고 고르게 발달한다. 이때 주로 정서가 발달된다고 한다. 따라서 한쪽으로 편중된 학습은 좋지 않으며 오감을 자극하는 교육을 시키는 게 좋다. 또 꾸준하고 지속적으로 정보를 주어야 신경회로가 튼튼하고 치밀하게 자리를 잡는다고 한다. 중요한 것은 정서발달기인 영·유아기에 애정이 결핍되면 훗날 정신 및 정서 장애로 발달하기 쉽다는 점이다. 강압적인 영재교육이 영재가 아니라 둔재를 양산할 가능성이 높은 것이 이런 까닭이다.

유치원 연령(만 3~6세)

이 시기는 전두엽이 보다 주로 발달하는 시기다. 전두엽은 종합적인 사고와 창의력, 판단력, 주의 집중력, 감정을 조절하며 인성과 도덕, 종교적 성향 등을 관장한다. 따라서 암기 위주의 선행 학습보다는, 경험에 의해 자연스럽게 지식을 쌓을 수 있도록 이끌고 창의력과 다양성을 가르치는 것이 전두엽 발달에 도움이 된다. 또한 이 시기에 예절과 인성교육이 제대로 이루어져야 성장한 후에도 예의 바르고 인간성 좋은 아이가 된다고 한다.

언어능력이 집중적으로 성장하므로 문학교육과 더불어 언어교육도 이 때부터 시작하는 것이 좋다. 모국어를 제대로 익혀야 모국어에 의한 활발한 사고 역시 가능해진다. 따라서 자연스럽게 다중 언어 환경이 만들어지지 않을 경우 모국어 발달에 더 정성을 기울여야 한다. 이때는 본격적으로 언어기능, 청각기능을 담당하는 측두엽이 발달하는 시기다. 또한 공간·입체적인 사고 기능, 수학·물리학적 사고를 담당하는 두정엽도 이때 발달한다. 이런 특성의 한 양상으로 이 시기의 아이들이 가장 잘하는 질문은 '왜?'와 '어떻게?'로 축약된다. 이런 뇌 발달 시기를 고려한다면 문자교육은 만 6세 이후에 본격적으로 시키는 것이 효과적이다. 조기교육을 한다고 아이를 들볶으면 역효과가 나기 쉽다는 말이다. 따라서 초등학생 어린이들의 경우 한국과 세계의 창작동화집·고전명작들을 많이 읽도록 독서일정을 짜는 게 좋다.

이 시기에는 시각을 관장하는 후두엽이 발달한다. 이 시기 아이들이 공통적으로 외모에 관심을 갖고 친구들, 이성, 아이돌이나 스포츠에 열광하곤 하는 것은, 비로소 이 시기에 자신과 타인을 확실히 분별하는 뇌 부위가 발달하기 때문이라는 것이다. 따라서 부모는 자녀들의 이런 정신적 성장을 존중하고 이해하도록 노력하며, 대화를 이어가려는 노력이 필요하다. 청소년기인 이 시기를 행복하게 보낸 사람은 타인에 대해 진심으로 공감할 줄 알게 되며 타인의 존재를 관찰하고 교류를 가지는 행동은 자기 성찰의 계기로 작용할 수 있다.

청소년기에 자녀와 공감대를 유지한 부모는 세대갈등을 겪지 않으며 자연스레 대화 단절과 같은 극단적인 상황을 피해 갈 수 있다. 불행한 것은 이 시기의 학생들이 미래 대학입시를 위해 강행군에 가까운 준비를 시작해야 한다는 사실이다. 따라서 학부모나 교육자들이 미래의 무한 경쟁을 위해 자신들을 옥죈다고 느끼기 시작하면 큰 스트레스를 받게 되고 반발하는 것이다. 엄청난 나이 차, 관심과 대화주제의 괴리 등은 세대갈등을 불러오므로 청소년과 어른이 대화를 이어갈 공통주제가 필요한데, 이때 책만큼 공감대를 형성하는 것이 없다.

스스로 익히게 되는 속독법

독서를 위해 필요한 것은 속독학원에 다니는 일이 아니라 뇌 발달시기에 맞춘 독서지도와 전략을 짜는 일이다. 수없이 많은 책을 접하면서 아이들은 스스로 나름의 속독법을 익히게 된다. 옛날에는 많은 형제가 책을 공유하고 있었기 때문에 다음 순서에 읽을 형제가 재촉을 해서 효율적으로 책을 읽었다. 이제는 공공도서관의 책을 빌려 봄으로써 같은 효과를 얻을 수 있다.

도서대출을 받을 때는 부모의 대출카드까지 동원해서 가능한 한 많은 책을 빌려 오도록 한다. 그러면 기한 내에 읽기 위해 아이들 스스로 읽는 속도를 내려고 노력하게 될 것이다. 그리고 늦으면 아이 용돈으로 연체금을 물도록 한다. 만일 도서관에서 연체금을 받지 않는다면 돼지저금통을 마련해놓고 스스로 하루 연체할 때마다 한 권당 얼마씩 거기에 넣도록 한다. 그리고 이 돈은 용돈으로 보상해주어서는 안 된다.

공부하지 않거나 용돈을 펑펑 쓰는 아이에게 "그렇게 살다가는 거지가 된다"고 말하기보다 소위 부도가 나도 그냥 내버려두기를 권한다. 버스도 타지 못해 고생하게도 하고 배고파도 간식을 사 먹을 수 없어 배를 곯게도 한다. 무절제하게 낭비하는 일이 초래하는 결과를 몸으로 체험하게 하는 것이다.

당신이 얻고자 하는 것은 정크인가?
속독 강박증으로 책장을 넘기지 말자

70년대에 유행했던 속독법은 언론을 앞세운 홍보에도 불구하고 별다른 성과 없이 조용히 자취를 감추었다. 하지만 기본적인 방법의 진전 없이 상호와 교재의 제목을 바꾸어가면서 끈질기게 학원가에 살아남아 학부모들을 현혹해왔고, 지금은 인터넷 시장으로 파고들어 성업 중이다. 2000년대 초반에 소위 속독학원 코스를 졸업한 영재라는 6학년 학생이 글쓰기반에 들어갔다. 부모는 이 아이가 속독 코스를 밟은 영재라 중고생이 읽어야 할 책은 다 읽었으니 고등학생들과 경쟁해도 문제가 없을 거라고 장담했다. 그러나 이 아이는 학부모의 자부심과는 달리 30분도 조용히 앉아 있지 못하는 과잉행동장애 증후군의 증세를 보였다. 책을 주면 다 읽었다고 몇 분 만에 내던지는데 핵심적인 질문을 하면 전혀 대답을 못 했다. 문제는 아이가 정독을 하려고 해도 도무지 정독하지 못했다는 사실이었다. 책장을 바로 넘기지 못하면 큰일이라도 나는 듯이 안절부절못했고, 누가 조용히 책을 읽고 있으면 늦게 읽는다면서 비난했다. 독서기술이라고 내놓은 사기술을 신봉해 막대한 레슨비를 낭비한 결과 잘못된 자부심과 산만함만 얻은 경우였다. 이런 아이들을 양산하는 학원에서는 눈 운동 말고도 주로 다음과 같은 주장을 실은 교재를 사용한다.

열 시간에 읽기보다 한 시간에 읽는 편이 훨씬 많은 것을 얻을 수 있다.

무슨 근거로 이런 주장을 하는지 모르겠지만, 한 시간에 읽는다면 소제목만 훑어보고 외워 아는 듯이 말해서 훨씬 많은 것을 입으로 말할 수 있는 장점이 있을는지도 모르겠다. 혹자는 "세 시간에 한 권을 꼼꼼하게 읽을 때보다 대강 열 권을 읽을 때 더 많은 것을 얻을 수 있다"고 한다. 이보다 더한 아이러니는 없다. 그는 또 이렇게 주장한다.

가장 중요한 것은 책에 있는 흐름에 따라 단숨에 읽어버리는 것입니다. 우물쭈물하면서 띄엄띄엄 읽다 보면 다시 제로의 흐름부터 시작해야 하기 때문에 결국 몇 배의 시간을 허비하고도 제대로 이해하지 못하는 결과를 낳게 됩니다.

위의 글을 쓴 저자의 말이 한편으로 틀린 것은 아니다. 모든 해결법에는 한 가지만 있는 게 아닌 까닭이다. 위에서 언급한 방법은 우리가 서점에 들러 책을 사기 위해 각 출판사에서 나온 유사한 서적들을 비교해볼 때 주로 쓰는 것이다. 그러나 그 책이 진정한 의미의 자기 것이 되기 위해서는 구매를 결정하고 집에 가져간 후 적어도 한 번은 정독해야 한다. 위의 저자는 다시 이렇게 주장한다.

도쿄에서 오사카까지 이동하는 세 시간 동안 (……) '한 권의 점수가 100점 만점인 책 열 권을 합하면 1,000점, 그 가운데 100점을 얻는다면 10퍼센트밖에 되지 않는다. 그러나 한 권의 점수인 100점 만점 가운데 80점을 얻는다면 80퍼센트에 도달한 것이 아닌가?'
당신도 혹시 그렇게 생각하고 있는 것은 아닙니까? 그렇다면 지금 당장 그런 사고방식에서 벗어나십시오. 사회에서는 100점 만점에 80점을 얻기보다 10점씩 얻어서 합계 100점을 얻는 사람에게 승리의 월계관을 씌워주니까요.

위 주장에는 결정적인 허점이 있다. 여기서 말하는 열 권의 책이 동종의 것이라고 하더라도 채점한다는 행위의 기준은 무엇인가? 설사 하나의 기준이 확립되어 있어 모든 책을 동일한 기준으로 채점할 수 있다 치자. 하지만 그가 말하는 사회란 어떤 사람들이 모여 사는 어떤 사회인가? 무슨 과목인지, 무슨 분야인지도 모를 그 책들에서 10점씩 얻어 합한 100점을 맞은 사람이 쓰게 될 월계관이라는 것은 또 무엇을 축하하는 월계관이란 말인가?

그의 주장은 공부의 기준도, 책에 대한 기준도, 또 사람들에게 무엇인가 점수를 요구한다는 그 사회의 정체성조차도 가늠할 수 없는, 오리무중에 빠진 모호한 단어 무더기일 뿐이다. 거듭 양보해서 이 저자의 말이 모두 맞는다고 치더라도 또 한 가지 의문이 있다. 그는 전철로 이동하는 세 시간 동안 열 권의 책을 (본인이 저서에서 고백했듯이) '대강' 읽는다면 100점 만점에 10점은 기억한다고 했는데, 무엇의 10퍼센트를 기억한다는 뜻인가? 대강 읽는 사람이 목차 이상의 것을 기억한다는 것은 불가능하며, 만일 그가 주장하는 것이 그 책들이 말하는 핵심의 10퍼센트라면 숙련된 속독의 대가나 할 수 있는 일이므로 대중에게 노하우로서 역설한다는 것 자체가 어불성설이다. 그런 속독의 대가는 한가하게 논리적으로 비약을 일삼고 순환논리로 독자를 호도하는 저자의 책은 읽지 않을 것이기 때문이다.

그런 의미에서 이 책《독공법》은 독자들이 책을 가까이하게 하고 독서의 양을 차차 늘려나가며 이런 저력을 조금씩 쌓은 결과 궁극적으로 속독에 이르는 것을 목표로 하고 있다.

읽는 시간은 당신 뇌가 결정한다
─속독법 2
속독 수련보다 뇌를 단련하라

여기서는 현재 모 대학 겸임교수로 있는 C씨의 경우를 소개하겠다. 아버지가 사업에 실패한 후 C씨는 달동네로 이사하게 되었는데, 밤이면 도둑과 강도가 들끓고 윗집 언니, 아랫집 아줌마, 술집이나 다방에서 티켓 영업을 하는 사람들과 이웃하는 동네였다. 아이들도 거칠었다. 말싸움은 몇 초 만에 머리채를 잡고 피를 흘리는 싸움으로 번졌고, 아이들이 싸우면 곧 어른들도 나와 한동네에서 패싸움이 벌어지곤 했다. 다섯이나 되는 딸들이 그런 분위기에 물들까 걱정이 된, 완고하고 보수적인 C씨의 아버지는 통행금지 시간을 오후 6시로 정했고 집 밖에서 누구와도 뛰놀 수 없게 금지했다. C씨가 집에 갇혀 할 수 있었던 것은 온 집 안을 가득 메운 책을 읽는 것뿐이었다.

　어릴 때는 그림책으로 집을 짓고 놀았다. 그러다 문자가 지닌 이야기에 매료되어 책을 읽기 시작했다. 그녀는 글자를 꼭꼭 씹어 먹듯이 정독을 했다. 몇 년이 지나자 집 안을 가득 채우고 있는 수천 권에 달하는 책들을 다 읽어버렸고, 언니들이 학교 도서관에서 매주 빌려다 주는 문학 전집도 모두 읽었다. 전공서적을 빼고는 부근 시립 도서관에 더 이상 읽을 책이 없을 정도가 되었다. 그러던 어느 날 그녀가 책 읽는 것을 본 담임선생님께서 꾸중을 하셨다.

　"너는 왜 책을 읽으라니까 책장만 넘기고 있니?"

　그제야 C씨는 깨달았다. 정독 외에는 하지 않는 그녀가 책이 몇 페이지나 되는지 알아보려는 듯한 속도로 책장을 넘기고 있었다는 사실을. 물론 정독을 하면서 말이다. 원리는 속독학원의 데마고그Demagogue들이 하는 말과 똑같다. 한 점을 응시하면 적어도 그 점을 중심으로 한 페이지의 전반부 내용이 저절로 머리에 들어온다는 것이다. 그러나 근본적인 차이가 있다. 그녀가 몇 년간 쉼 없이 책을 읽는 동안 그녀의 뇌는 자연히 언어적으로 강도 높은 훈련을 받고 있었던 것이다. 비록 의도는 하지 않았지만 결과적으로 한 페이지의 이미지를 동시에 지식으로서 받아들이는 속독이 가능하게 되었다는 것이다. 그러나 속독학원에서는 책을 읽기 싫어하는 아이들에게 책 읽는 방법을 강의한다면서 원인과 결과가 뒤바뀐 그런 요구를 강제로 하고 있는 것이다. 이는 "유단자도 맨손으로 벽돌을 깨는 것은 마찬가지니 초보자들도 벽돌을 깰 수 있다"면서 격파를 종용하는 격이다.

속독은 오랫동안 많은 책을 읽은 결과로서 오는 것이지 단순히 누군가 방법을 가르쳐준다고 해서 하루아침에 이루어지는 게 아니다. 다시 강조하지만 책을 읽는 것은 눈이 아니라 우리 뇌다. 그림이나 장면으로 기억하려는 것은 뇌의 수용시스템의 다양화를 꾀하는 것이다. 우리 뇌는 직렬연결이 아니고 병렬연결이므로 뇌에서 정보를 주고받는 시냅스와 시냅스의 끝은 서로 꼭 맞닿아 있지 않다 멀티 플레이가 가능하며, 이때 동일한 내용을 다양한 루트로 자극해주면 훨씬 기억이 선명해지기 때문이다. 연필로 윤곽을 그린 그림보다 명암을 넣고 채색을 한 그림이 그것이 나타내려는 정체가 무엇인지를 훨씬 빠르게 전달해주는 것과 같은 원리다.

산은 산이로되
물과 책은 셀프로다!
저절로 읽는 방법은 없다

어떤 네티즌이 성철스님의 말씀을 응용해서 이런 명구를 적어놓았다.

'산은 산이로되 물은 셀프로다.'

나는 여기에 한 가지 항목을 더하려 한다.

산은 산이로되 물과 책은 셀프로다.

아무리 좋은 방법을 제시한다고 해도 결국 그 방법을 실험해보고 책을

집어 드는 것은 독서해야 할, 혹은 공부해야 할 당사자다. 소를 물가로 끌

고 간다 해도 스스로 입을 벌려 마시지 않은 다음에야 어떻게 물을 먹이

겠는가. 이런저런 당의정을 준비하면서 책을 좋아하고 공부를 좋아하게 하는 방법이 있다고 자랑을 일삼는 저자를 독자들은 경계해야 한다. 산은 산이로되 물과 책은 셀프이기 때문이다. 그러므로 독서를 해야 할 당사자 외의 사람이 할 수 있는 것이라고는 그럴 듯한 환경을 만들어주는 것밖에는 없다.

다음은 청소년의 독서습관이 가정환경에 얼마나 큰 영향을 받는지 보여주는 예다. 자녀들에게 책 읽고 공부하라는 잔소리를 입에 달고 사는 L씨. 정작 본인은 그 잔소리조차도 텔레비전 화면에 눈을 못 박은 채 했고, 밥을 먹을 때도 식구들과는 눈도 마주치지 않은 채 신문을 보았다. 또 회사를 갔다 오면 샤워하고 제일 먼저 가는 곳이 거실의 텔레비전 앞이었고, 거기서 길게 누운 자세로 텔레비전을 보다가 잠이 들었다. 이렇게 L씨가 진을 치고 있으니 L씨의 가족은 텔레비전을 볼 때가 아니면 집에서 가장 넓고 쾌적한 장소인 거실에서 쉴 수조차 없었다. L씨의 아내가 집안일을 하는 짬짬이 아이들의 방으로 가 함께 책을 보았지만 역부족이었다. 그러다 L씨는 야근이 잦다는 핑계로 아예 사표를 내고 집에 들어앉아 텔레비전만 보았다. 하는 수 없이 L씨의 아내는 남편 대신 돈을 벌기 위해 집을 나섰고, 엄마가 자리를 비우자 아이들은 각자 자기 방에서 컴퓨터 게임에 빠져들었다.

그런데 정작 L씨의 경우 학창 시절에 아들을 일류대학에 보내겠다는 어머니로 인해 집에 텔레비전이 없었다. 마루에 커다란 상을 놓고 어머니가 보는 앞에서 예습·복습을 해야 했고, 나머지 시간에는 과목별로 과외

공부를 했다. 어머니가 이 친목계에서 저 친목계로 놀러 다녀도 서울대학교에 들어간 형이 버티고 앉아 함께 책을 보았으므로 형이 무서워 공부할 수밖에 없었다. 그 덕분인지 그는 서울대학교에 자기 계열 10위권에 드는 우수한 성적으로 입학했다. 하지만 늘 실컷 놀지 못한 것이 한이 되었다. 그런 L씨가 결혼해서 독립하게 되고, 자신이 집안의 최고 어른이 되자 더 이상 가족을 위해 희생하지 않고 스스로 하고 싶은 일을 하기로 했다. 스스로 원해서가 아니라 채찍질이 무서워 할 수 없이 공부한 한풀이를 시작한 것이다. L씨의 아내는 돈을 벌어다 주지 않아도 잔소리 한 마디 못 했고, 기특하게도 자기 대신 나가 먹고살 만큼의 돈을 벌어 왔다.

그러던 어느 날 L씨는 아이 담임으로부터 전화를 받았다. 아들이 그 성적으로는 수도권에 있는 어느 대학에도 갈 수 없다는 것이었다. 그러고는 진학상담을 해야 하니 어머님이 없으면 아버님이라도 대신 오라고 했다. 학벌은 자연히 유전되리라고 믿었던 그에게 청천벽력 같은 소리였다.

학교에 가서 아들의 성적표를 확인한 L씨는 자기 눈을 의심했다. 돌 때 책과 붓을 쥐었던 아들, 아장아장 걸어 다니면서도 책을 놓지 않았고 돌이 되기 전에 종알종알 말을 해서 신동이 났다고 온 동네를 떠들썩하게 했던 아들의 언어 점수가 전 과목 중에서 최하위였던 것이다. 컴퓨터게임만 한 결과였다. 그날부터 텔레비전을 보는 중간중간에 아들 방을 수시로 드나들며 게임을 못 하게 말리기도 하고 회초리도 들었다. 하지만 아이는 게임을 안 할 때면 늘 책을 베개 삼아 잠만 잤다. 네 살이 될 때까지 엄마 소리밖에 못 하던 조카가 언어를 전공하는 서울대학교 모 학과에 들어가 축하파티를 한 지 불과 몇 년 만의 일이었다. 조카는 어머니가 친목계에 갔을 때 밥상 모서리에서 자신과 함께 공부를 하던 바로 그 형의 아들이었다. 그제야 그는 온 가족이 모여 앉아 책을 읽고 이벤트 삼아 전국 도서관 투어를 하던 형과 그 가족을 떠올렸다. 후회스러웠다. 하지만 주먹으로도, 돈으로도 다시는 아이들을 책상 앞에 앉히지 못했고, 아이들과의 사이마저 완전히 벌어져 버렸다. L씨는 생각했다. 어린 시절 과외방에서 과외방으로 뺑뺑이를 돌지 않고 뛰어놀았더라면, 어머니 회초리가 무서워서가 아니라 스스로 좋아서 공부를 했더라면 아이들에게 사랑과 존경을 받는 아버지가 되었을 거라고. 하지만 이미 빼앗긴 아버지의 권위를 다시 찾을 수는 없었다. 결국 L씨는 모든 것을 포기하고 도망가듯 외국회사에 취직해 몇 년간 집을 비우는 것을 선택했다. 그런데 몇 년 후 L씨가 잠시 휴가를 받아 집에 돌아왔을 때 그는 기적 같은 장면을 보았다. 아들이 밤을 새워가면서 책을 읽고 있었던 것이다. 아들은 꿈이 생겼다고 했다. 성적을 많이 올리지는 못 했지만, 미래에 자신이 하고 싶은 일을 하려면 실력을 인정받아야 한다면서 필요한 책들을 모두 구입해 놓고 줄을 쳐가면서 외고 또 외웠다. 그러고 보니 거실에 자신이 즐겨 보던 텔레비전이 없었다. 벽에는 도서관처럼 빙 둘러 책장이 놓여 있었고, 책들이 분야별로 정리되어 꽂혀 있었다. 그 앞에 놓인 책상 위에는 컴퓨터와 프린터, 책상 곁에는 팩스기와 복사기가 놓여 있었으며, 아이들이 공부하는 책상 옆에서는 아내가 부업으로 책 만드는 일을 하고 있었다.

마르셀 프루스트Marcel Proust의 《잃어버린 시간을 찾아서A la recherche du

temps perdu》처럼 사람의 오감과 그 오감에 얽힌 기억이 주는 영향력을 잘 표현한 책이 또 있을까. 주인공은 따끈한 홍차에 마들렌 과자를 찍어 먹으면서 그 향기로 인해 목가적이던 어린 시절의 기억 속으로 걸어 들어간다. 잘 구워진 빵의 냄새와 따뜻한 찻잔의 온기는 평화롭던 어린 시절 그를 둘러싸고 있던 따뜻하고 아름다운 추억과 하나가 된다. 그 어린 시절의 기억이 만일 L씨 아들의 것이었다면? 그는 책을 떠올릴 때마다 소파에 드러누워서 눈은 텔레비전에 못 박은 채 공부하라고 외치던 아버지의 공포스러운 목소리만을 따로 떼어내기 힘들었을 것이다. 공부라는 말이 가진 고통스런 기억, 어둡고 작은 자신의 방에 피난하듯 들어와 숙제를 했는지 검사하던 어머니의 지친 표정과 몰래 가지고 놀다 침대 밑에 숨긴 게임기에 대한 조바심 등등……

세상에 억지로 되는 것은 없다. 소를 물가로 끌고 가도 입을 다물고 물 마시기를 거부한다면 그 소는 물이 지천으로 흘러넘치는 강가에서 갈증으로 죽을 수도 있는 것이다. 인격만큼이나 의지도 성숙하지 않은 자녀들이 스스로 책을 펼치고 앉아 읽을 수 있는 환경을 만들어주고 기다려주자. 웅녀가 사람 되기를 기다렸듯 말이다.

영재교육을 위한 십계명

❶ 같은 말을 긍정문으로 표현하라.

아이가 학교에서 시험결과를 받아 왔다. 국어, 수학, 영어 성적이 각각 100점, 50점, 70점이었다. 이때 "넌 수학을 제일 못하는구나"라고 표현하는 하는 것은 부정문의 예가 되고, "넌 국어를 정말 잘하는구나. 국어처럼 하면 수학도 문제없겠다"라고 표현하는 것은 긍정문의 예가 된다. 부정은 좌절과 퇴보를, 긍정은 희망과 진취를 이끈다는 것을 잊지 말자.

❷ '가족은 항상 네 편'이라는 확신을 갖게 하라.

어느 날 아이가 들어와 씩씩거리면서 누군가를 욕한다. 이때 양식이 있는 부모는 "남을 욕하기에 앞서 자신을 돌아보라"고 따끔하게 충고한다. 그러면 아이는 부모의 충고대로 행동하려 노력할 것이다. 그러나 그 아이는 양식만 있는 아이가 될 확률이 높다. 세상에 믿을 사람 하나 없다고 생각하는 현실에 비뚤어진 아이가 될 수도 있다. 윤리적인 가치는 평소에, 그리고 온화하고 긍정적인 말투로 가르치고 일단은 아이가 하는 어떤 종류의 말이든 다 들어주어라. 그리고 따뜻이 품에 안아주어라. 안정된 사랑이 가득한 가정에서 자란 아이는 신뢰가 깊고, 타인에게도 베풀 수 있는 사람으로 성장한다.

❸ 생명에 대한 경외심을 가르쳐라.

동식물도 아프다는 것을 알아야 한다. 그러면 아이들은 왕따를 당하거나 어려운 상황에 처하거나 함부로 주위에 화풀이를 하지 않는다. 또 자신이 받은 스트레스를 아무런 죄의식 없이 주위에 전가하는 사이코패스가 되지 않는다.

❹ 아이를 방치하지 마라.

자녀가 집에 왔을 때 혼자 있게 하는 것은 아이가 외로움을 해소하기 위해 게임, 오락 등의 나쁜 버릇에 빠질 수 있는 가능성을 열어두는 것이다. 또한 왕따나 학교폭력의 타깃이 되도록 내몰 수 있다. 아이가 돌아오는 순간 현관에서 반갑게 맞아주자.

❺ 인스턴트식품을 먹이지 마라.

인스턴트식품의 각종 첨가물에는 뇌 발달에 좋은 영양소를 파괴하는 성분이 많이 포함되어 있다. 그리고 맛의 획일화는 아이의 지능발달에 악영향을 준다. 어려서 메뉴를 직접 선택하고 요리법을 다양하게 한 음식을 먹고 자란 아이의 평균 아이큐가 훨씬 높았다는 사실은 이미 오래전에 발표된 한 실험의 결과다. 부엌은 물리와 화학의 법칙이 지배하는 곳이다. 도덕이 싹트는 곳이기도 하다. 정성 들여 지은 엄마의 밥을 먹고 자란 아이는 역경을 만나도 쉽게 극복한다.

❻ 건강한 육체에 건강한 정신이 깃든다.

체육계에 종사하는 사람들에게는 학문으로 성공할 머리가 없다고 생각하는 편견이 우리 사회에는 존재한다. 그러나 체육계에서 성공한 사람들은 하나같이 지능지수가 높고 성실하다. 체육 영재로 자라다가 부상 등을 입어 공부를 하게 된 친구들 중에는 순식간에 전교 10위 이내로 진입하는 우등생이 의외로 많다. 극도의 인내를 요구하는 육체의 단련을 참아낸 아이들은 책상에서 놀고 싶은 마음과 싸우는 데도 능하다. 그러나 시간을 쪼개가면서 학원에서 학원으로 맴도는 아이들은 집중력이 떨어질 뿐만 아니라, 건강에 이상이 생겼을 때 원상회복하기가 힘들다. 마라톤 인생을 성공적으로 살아내게 하려면 반드시 자녀에게 무술이나 스포츠 등 규칙적인 운동을 몸이 땀에 흠뻑 젖을 정도로 시켜라.

▣ 흡연자 부모는 당장 담배를 끊어야 한다.

니코틴 중독 외 간접흡연의 어떠한 폐해도 무섭지만, 무엇보다도 담배는 머리를 나쁘게 한다. 혈관을 좁아지게 하고 담배를 피울 때의 일산화탄소는 뇌로 가는 산소를 빼앗기 때문이다.

▣ 여행을 떠나라.

정기적으로 가족이 여행을 떠나라. 그리고 여행계획을 세부적으로 나누어 자녀에게 한 부분을 책임지도록 하라. 모르는 곳에서 계획을 세워 헤쳐 나간 경험은 생을 이끄는 나침반 역할을 하게 될 것이다.

▣ 모든 계획을 책과 함께 하라.

여행을 갈 때는 여행 목적과 시간 활용에 맞는 책을 가져간다. 이때 아이의 의사에 반해서 절대로 가져가서는 안 되는 책은 평소에 아이를 짓누르는 학습서다.

▣ 함께 봉사활동을 하라.

학교에서 하는 봉사는 대개 형식적이므로 고아원이나 장애인공동체, 저소득층

노인에 대한 봉사 등을 온 가족이 함께 체험해보는 것도 자녀가 삶이라든지 미래를 진지하게 생각하게 하는 계기를 만들어준다.

노인에 대한 봉사 등을 온 가족이 함께 체험해보는 것도 자녀가 삶이라든지 미래를 진지하게 생각하게 하는 계기를 만들어준다.

나만의 내비게이션을 만들자
책의 요점을 정리해두자

살아가다 보면 우리는 지도 하나만 가진 채, 혹은 지도도 없이 물어물어 낯선 곳을 찾아가야 할 때가 있다. 그리고 그렇게 어렵사리 처음 갔던 길을 다음에 다시 찾아갈 때는 확실한 지형지물이 있던 곳을 중심으로 기억이 재생된다. 그렇지 않은 곳에 여러 갈래 길까지 있다면 우리는 혼동하기 시작한다. 이 길이었던가, 저 길이었던가……? 우리 기억에는 한계가 있다. 영악한 뇌라는 녀석이 별로 중요할 것 같지 않은 지식은 맡아두려고 노력하지 않기 때문이다. 따라서 이런 뇌의 단점을 극복하고 한번 갔던 길을 훗날 확실히 찾아가기 위해서 인간은 지도를 만들었다.

책은 또 다른 여행지다. 발 딛고 선 공간에 갇힌 우리의 정신을 해방시켜 새로운 세계로 이끌어주기 때문이다. 이 여행지에서도 다시 가보고 싶은 곳을 나중에 다시 찾아갈 때 헤매지 않고 단번에 갈 수 있도록 여행안내서를 제작할 필요가 있다. 그러면 유한한 생명인 우리의 시간을 훨씬 아낄 수 있기 때문이다. 인터넷으로 거의 모든 지식을 검색할 수 있는 요즘도 종이책이 변함없이 팔리는 것은 종이책이 가진 장점이 그만큼 많기 때문이다. 인터넷은 통신환경이 완비된 지역에서만 이용할 수 있고, 콘텐츠의 저작권 보호가 강화된 요즘 무료로 고급 정보를 이용할 수 있는 사이트는 극히 드물다. 따라서 우리는 아직도 필요한 책을 구입해 중요한 정보를 얻는다.

우리의 의식이 깨어 있는 동안 모든 것은 정보로 인식된다. 우리가 새소리를 듣고 새를 보고 느끼는 한가한 산책 시간에도 뇌는 그것이 무슨 색인지, 어떤 새의 소리인지, 우리가 가고 있는 곳은 어디인지, 돌아가기 위해서는 어디로 가야 하는지 등 새와 길에 대한 정보를 저장하기에 바쁘다. 이렇게 가만히 있어도 바쁜 뇌에게 공부까지 시키면 과부하가 걸리므로 뇌는 가장 효율적으로 꼭 필요하다고 인식한 것들의 순서대로 저장하는 것이다. 따라서 책을 읽어도 소설에서는 가장 감명 깊은 장면을, 학습서에서는 가장 중요하다고 되풀이해 외운 부분 정도를 기억하게 된다. 책을 덮고 얼마 지난 후까지는 기억이 나겠지만 시간이 지남에 따라 기억은 희미해지기 마련이다. 따라서 훗날도 유용하게 쓸 수 있는 정보를 얻으려면 읽는 동안 약간의 수고를 하는 버릇을 들일 필요가 있다.

독서를 시작할 때 크기가 서로 다른 접착식 메모지를 준비한다. 접착식 메모지는 메모가 가능한 사방 5센티미터 이상인 것에서부터 중요한 곳이라는 사실만 기억하게 해주는 가느다란 것까지 서너 종류가 필요하다. 그리고 색깔별로 기능을 정해놓는다. 가는 것 중에서 빨강색은 인용을 할 필요가 있거나 외워야 할 지식이 있을 때 붙이고, 파랑색은 자신이 좋아하는 구절이 있는 쪽에 붙이는 식으로 말이다. 책이란 저자와 나와의 내면의 대화다. 따라서 책을 읽다 보면 의문이 일어나거나 저자의 생각에서 한 발 더 나아간 나만의 기발한 생각이 떠오를 때가 있다. 이런 곳에 중요 표시를 하는 접착식 메모지를 붙이고, 페이지 안쪽에는 방금 떠오른 그 생각을 메모해서 실수로 떨어져 나가지 않도록 깔끔하게 붙인다. 이렇게 색깔별로 붙이는 이유를 정하고 크기별로 아이디어나 중요 정보를 정리해 붙여두면 나중에 이 책을 다시 보거나 리포트에 인용할 때 자신이 읽었던 내용에 대한 희미한 기억에 의존해온 책을 뒤지면서 시간을 낭비하지 않아도 된다.

다음 단계는 조금 더 여유 있을 때 정리하는 단계다. 스마트폰이나 태블릿PC 등을 책상 한쪽에 놓아두고 독서를 시작한다. 인터넷에 현혹되지 않을 자세가 되어 있다면 컴퓨터를 켜놓아도 좋다. 접착식 메모지를 붙인 쪽에서 중요한 내용이 되는 키워드를 적은 다음 한 줄로 요약해 입력시키고 쪽수를 함께 적어놓는다. 매번 책에서 중요한 부분을 발견했을 때마다 기록하면 좋겠지만, 독서를 하는 중에 이런저런 작업을 하다 보면 책의 내용에 몰입하는 데 방해를 받을 수 있다. 아직 집중력에 자신이 없다면 독서를 끝낸 뒤 한꺼번에 입력하는 것도 좋은 방법이다. 이런 작업을 하면서 책을 읽으면 독서가 끝났을 때 키워드로 가득 찬 파일이 하나 만들어진다. 키워드를 ㄱ, ㄴ순으로 정렬하고 파일을 저장할 때 책 제목과 날짜를 덧붙인다. 예를 들면 '홍길동20130101' 등으로 말이다. 만일 한 저자의 작품세계를 분석하기 위해 그 저자의 작품을 여러 권 읽었다면 저자의 이름으로 저장하는 것도 한 방법이다. '이광수단편.hwp', '이광수장편.hwp' 혹은 '이광수장편.txt'처럼.

이렇게 정리하는 습관이 붙으면 혹시 이사를 가거나 부주의로 책을 다른 데 두고 오더라도 그 책에 대해 스스로 만든 자료의 파일은 영원히 남게 된다. 처음 한두 권을 정리할 때는 귀찮고 시간이 걸리는 것 같아 짜증스러울 수도 있다. 그럴 때는 잠시 작업을 멈추고 책에 빠져들어 보자. 매번 책을 읽을 때마다 이렇게 정리하는 작업이 습관이 되면 학창 시절이 끝나갈 때쯤에는 아무도 무시하지 못할 '나만의 데이터베이스'가 구축된다. 이 자료는 학문 분야로 나갈 때 가장 빛을 발휘하겠지만, 언제 어디서 무엇을 하더라도 정보가 필요할 때마다 유용한 지식이 가득 찬 창고로 언제든 나를 안내해주는 든든한 내비게이션이 될 것이다.

II

그래도 책 읽기 싫은
당신을 위하여

거리를 좁히는 것이 관건이다
상대가 누구이든 무엇이든 소원한 관계를
되돌리기 위해서는 그 대상을 만나 어떻게든
서로를 가로막는 원인을 없애야 한다.
그게 책일지라도.

읽었던 책 또 읽기
가장 좋아했던 책부터 다시 읽자

우리는 익숙한 일을 할 때 편안함을 느낀다. 그래서 모험심이 충만한 젊을 때 많은 일을 경험하고 익숙해져야 나이가 들어서도 운신의 폭이 넓어진다고 볼 수 있다. 모험을 한 경험의 축적은 사람이 현실에 안주하려는 타성에 젖지 않게 할 뿐만 아니라 세상에 대한 두려움에서 해방시켜 준다. 그러나 세상 모든 일을 다 경험하기에는 우리 인생이 너무 짧다. 그런 의미에서 책은 우리에게 간접적으로 모험을 가능하게 하고 우리가 사는 세상과 경험을 넓혀준다. 꼭 필요하지만 잘 모르는 어떤 것을 하고자 할 때 다른 사람이 겪은 경험까지도 우리 몫으로 만들어주거나 최소한 등대 역할을 해주기 때문이다. 그런데 그 좋은 경험의 보고에 가까이 가기까지가 쉽지만은 않다. 익숙하지 않기 때문이다. 오감이 멈춰 있는 곳, 오감을 문자라는 평면에 집중해야 하는 시간을 책을 싫어하는 사람이 인내한다는 것은 쉬운 일이 아니다.

어떻게 하면 최대한 우리의 인내심을 발휘할 수 있을까? 책을 읽기 싫어하는 사람들에게 이런 문제는 끊임없이 지속되어 온 딜레마다. 그럼에도 불구하고 우리는 그 어려움을 극복하고 몇몇 권의 책을 기꺼이 읽은 경험이 있다. 이렇게 완독을 한 책은 우리에게 '책은 정복이 불가능하지만은 않은 어떤 것'이라는 사실을 깨닫게 해주었다. 성취감도 맛보게 해주었다. 따라서 그 책과의 재회에서부터 시작하기로 한다. 언젠가 읽었던 기억 덕에 책의 내용을 비록 대충은 알고 있지만 내가 10대에 만났던 그 책과 그동안 삶의 경험이 더 쌓인 상태에서 다시 집어 든 그 책은 사실 같은 책이 아니다. 지금보다 더 독서를 몰랐던 시절에 인내심을 가지고 완독할 수 있었던 책이라면 지금은 훨씬 잘 읽을 수 있다. 그리고 당시에는 내가 전혀 몰랐던 어떤 새로운 감흥이나 깨달음을 가져다준다. 또 이미 읽은 책이므로 의외의 어려움으로 인해 걸려 넘어지지 않을 자신이 있다. 한 번 읽었던 책은 마치 동창생을 만난 것 같은 편안함을 줄지도 모른다.

그동안 읽었던 책 중에서 자신을 편안하게 해줄 명작을 엄선해서 가까운 곳에 놔두도록 하자. 언제든 찾을 수 있도록 늘 일정한 곳, 손이 닿는 곳에 위치하게 하면 더욱 좋다. 그래야 책을 읽겠다는 마음을 먹은 순간 바로 펴 들고 읽을 수 있다.

　　오랫동안 다른 활동으로 인해 책을 멀리한 상태에서 독서를 다시 시작하는 게 부담스럽다면 마음의 준비를 할 시간이 필요하다. 문자에 익숙하게, 책 읽는 것을 생활로 만들기 위해 자신이 가장 좋아했던 책, 유익하다고 느꼈던 책 등을 다시 읽어보는 것은 우리의 독서열에 불을 붙이는 좋은 기폭제가 된다.

마늘은 익혀 먹고
쑥은 달여 먹자
해설서와 연관서적을 적극 활용하자

여기, 너무 어려워 포기했던 책을 읽는 몇 가지 방법이 있다.

첫째, 같은 분야의 다른 쉬운 책을 먼저 읽음으로써 성취감을 미리 느끼는 것이다. 뭉근하게 지식이 무르익었을 때 그 책을 펼쳐 들면 기본지식이 돛대를 부풀리는 미풍처럼 나를 앞으로 나아가게 해줄 것이다.

둘째, 그 책에 대한 해설서를 먼저 읽어보는 것이다. 그러면 모르는 말 때문에 제자리에서 멈춰 있지 않아도 된다.

셋째, 하지만 나는 "맨땅에 헤딩하라~!"고 충고하고 싶다. 왜? 선입관이 신선하게 그 책을 대할 기회를 놓치게 하기 쉽기 때문이다.

　모르는 개념을 찾아가며 읽으면 책의 내용이 선명하게 머리에 남는다. 다른 해설서를 먼저 읽고 책을 읽으면 그 책의 내용이 보이지 않고 해설서에 설명된 지식만 눈에 들어온다. 처음부터 한 번 쭉 완주함으로써 스스로 개척하고 모험한 책을 속속들이 알기 위해 그 후에 다른 해설서를 보는 것에는 찬성한다. 이렇게 매운 부분은 뭉근히 끓이듯이 소화시키면 매운맛을 상당히 순화시킬 수 있다. 쓰게만 느껴지는 지루한 내용은 감초를 넣어 달이듯 해설과 공부로 양념을 하여 천천히 읽음으로써 내 것으로 만들 수 있다. 일단 쓴맛의 진미를 음미할 줄 알게 된 사람은 혀끝에 달콤한 것만 추구하지 않는다.

과감하게
스트리킹하라
무지를 커밍아웃하고 조언을 받아들이자

우리 모두는 더 큰 성장을 위해 어둡고 좁은 어머니의 태를 탈주해 벌거벗은 채 세상으로 첫발을 내디디는 모험을 감행했다. 짐승의 껍질을 벗어던지고 사람이 된 순간의 웅녀 역시 벌거벗은 상태였음이 틀림없다. 만일 웅녀가 보통 사람들처럼 옷도 입고 신발과 모자까지 갖추고 어두운 동굴을 나오려고 했다면 평생 동굴의 어둠 속에서 벌거벗은 채 자신을 가려줄 옷을 찾아 헤매다가 일생을 마치고 말았을 것이다. 새로운 세상을 찾아 모험을 떠나기로 했다면 용기를 내어 앞으로 나아가야 한다. 공부의 세계도 마찬가지다. 책 읽기에 취미를 붙이기 시작한 우리이지만 어떤 책을 읽어야 할지, 어떻게 읽어야 할지 아직은 감도 잡을 수 없는 상태다. 이때 체면을 차리느라 조용히 침묵을 지키며 남들 몰래 탈출구를 찾는다면 우리는 그 상태에서 벗어날 수 없다.

만학도 M씨는 환갑을 넘긴 나이에도 영민하고 문학을 분석하는 눈이 날카로웠다. 발표하는 것을 보면 실력도 젊은 학생들보다 출중했다. 그런 그녀가 언제부터인가 점점 말수가 적어졌고, 급기야 수업에도 빠지기 시작했다. 두 번인가 연속 결석을 한 후 나타난 그녀는 그날도 조용히 입을 다물고 우울한 표정으로 자리를 지키고 있었다. 그날 교수는 다음 진도를 위해 역사소설에 대해 강의한 뒤 참고할 문헌들을 적어주었다. 그런데 한 주가 지나 다시 강의를 하게 된 날 교수는 밝은 얼굴로 맨 앞에 앉아 있는 그녀를 발견했다. 수업시간 내내 전의 그 총명한 빛을 두 눈에 가득 담고서 말이다. 수업이 끝난 후 그녀는 교수에게 다가가 기쁜 목소리로 말했다.

"교수님, 수업이 너무 재미있어졌어요. 저는 원래 역사소설을 좋아하거든요. 오늘 수업시간에 읽은 것 말고도 다른 역사소설 있으면 좀 추천해주세요. 그동안 수업시간에 다룬 책들에는 흥미가 없었어요. 그래서 공부를 그만둘까 고민하고 있던 중이었거든요. 저는 사실 책 읽는 즐거움에 살아왔어요. 나이 많다고 흉보지 마시고 가능하면 많이 가르쳐주세요."

그녀가 의기소침해지고, 수업을 빠진 이유는 젊은 학생들과 함께 읽어야 하는 참고문헌들에 흥미를 느끼지 못했기 때문이었다. 며칠 후 교수는 그녀만의 목록을 준비해 건네주었다. 조금 일찍 말해주었더라면 더 좋지 않았을까, 하는 마음으로 말이다.

　새로운 지식을 얻고 싶다면 우리의 벌거벗은 몸을 드러낼 필요가 있다. 허식으로 가리고 있는 한 그 상태에서 벗어날 방도가 없다. 우리는 '평생 독서'라는 길고 긴 마라톤의 여정을 시작했다. 우리가 가진 모든 힘과 능력의 페이스를 조절해가면서 완주를 위해 투자해야 한다. 그런데 부끄러운 곳을 가리고 남의 등 뒤로 숨어서야 어떻게 막판 스퍼트를 할 힘을 비축할 수 있겠는가. 우리에게는 한국인 특유의 튼튼한 두 다리가 있다. 과감하게 어깨를 쫙 펴고 스트리킹을 시작하자. 그러면 코칭스태프뿐 아니라 구경꾼들조차도 우리에게 결핍된 것이 무엇인지, 동시에 필요한 것이 무엇인지 깨닫고 도움의 손길을 뻗어줄 것이다.

바퀴 달린 알림장과
친구되기
책을 이동식 정리함에 넣어 곁에 두자

　장을 보거나 부엌에 들어가는 것이 남자에게 금기시되던 시절도 있었다. 그러나 요즘에는 세상이 참 많이도 변했다는 생각이 절로 든다. 부부가 함께 다정하게 장을 보기도 하고 주말 점심 정도는 남편이, 아버지가 준비하는 가정도 많으니 말이다. 나라고 다르지 않다. 그러던 어느 날 대형마트에서 독서 스케줄에 맞게끔 책을 정리하는 데 더 없이 좋을 바퀴 달린 정리함을 찾아냈다.

　먼저 책 높이의 3분의 2 정도의 깊이를 가진 정리함을 색깔별로 준비하자. 하루를 정해 이 정리함에 자신이 읽으려고 계획했던 책들_{혹은 단순히 가지고 있는 책들}을 정리해본다. 어려워서 읽다 만 책은 편안한 색, 가령 초록

색 계열의 함에 넣는다. 자주 보아야 하는 책은 노랑색처럼 눈에 잘 띄는 함에 넣는다. 유해서적으로 분류될 소지가 있는 흥미위주의 책, 킬링타임용 책은 빨강색처럼 오랫동안 보면 피곤해지거나 싫증이 잘 나는 색깔 함에 넣는다. 이 함들을 책상과 책장 주변의 공간에 알맞게 정리해 넣고 독서 스케줄을 짜보도록 하자. 독서 스케줄은 물론 다른 일정과 비교·검토해서 서로 영향을 미치지 않도록 짜야 할 것이다.

정리함을 이용하는 게 되면 보기에도 깔끔하고 아름다울 뿐더러 바퀴가 달려 있어 원하면 언제든 당겨서 쓸 수 있고 책을 읽고 난 후에는 필요한 곳으로 쉽게 이동시켜 정리할 수 있다. 그리고 아직 읽지 않은 책들이 몇 권이나 되는지 쉽게 파악할 수 있다는 이점이 있다. 정리함들의 색을 달리함으로써 어떤 순간에 어떤 책을 찾을 것인가를 결정하는 순간 용도에 따라 분류된 적합한 책을 쉽게 집어 들 수 있다. 또한 아무리 오랜 시간이 지나도 읽어야 한다는 사실을 잊지 않게 해주는 알림장과 같은 효과도 있다. 물론 그 책을 다 읽었을 때는 서가에 정리해 꽂아두어야 한다. 정리함이 비어감과 동시에 우리는 숙제가 줄어들었다는 해방감을 맛볼 수 있다. 더불어 다시 지식에 대한 욕구가 솟아오르도록 자극할 수 있다. 이 함들은 귀여운 캐릭터 모양으로 꾸며졌거나 조각이 된 것으로 구하면 더욱 좋다. 필요할 때마다 책을 싣고서 가볍게 내 책상과 침대 사이로 굴러다니는 이들의 모습에 익숙해지면 어느덧 애완동물 못지않게 정이 드는 것을 느끼게 될 것이다.

외출하는 날의
독서 스케줄
짜기

◼1 하루 일정을 고려한다.

예를 들어 오늘 오후 1시, 세종문화회관 부근에서 친구를 만나 점심을 먹고 차를 한 잔 마신 다음 함께 영화를 보고 헤어지기로 했다고 치자. 당신은 보통 6시에 기상한다. 외출을 위해 샤워하고 옷을 입고 이것저것 준비하는 데는 한 시간 가량을 할애하게 될 것이다. 도봉산 근처에 사는 당신은 세종문화회관까지 가는 데 한 시간 20분가량이 필요하다. 그러면 당신은 10시 30분에는 샤워를 시작하고 넉넉잡아 11시 30분에는 집에서 떠나야 한다. 이제 외출 전까지의 스케줄을 짜자.

6:00	기상한다.
6:00~7:00	잠자리 정리와 간단한 세수, 양치를 끝낸 후 아침을 먹는다.
7:00~10:30	오전 공부를 한다(미리 정해둔, 집중해서 공부해야 할 과목의 책을 본다).
10:30~11:30	샤워 등 외출준비를 마치고 집을 나선다.

◼2 최단시간이 소비될 동선을 결정한다.

도봉산에서 운행되는 버스들 중 많은 노선이 세종문화회관까지 이동하지만 낮 시간에 교통정체와 관계없이 일정한 시간 안에 목적지에 도착하려면 지하철 5호선을 이용하는 것이 좋다. 지하철은 흔들림이 적고 불이 밝아 독서를 하기에 좋은 공간이다. 게다가 도봉역이면 거의 100퍼센트 빈 좌석이 있으므로 앉아서 책을 읽으며 갈 수 있다. 지하철역까지 가는 데 5~10분, 5호선 지하철의 운행 간격은 약 4~5분이다. 광화문역에 도착하기까지는 약 50분, 또 광화문역에서 세종문화회관까지 보통 빠르기로 걷는 시간이 약 5~10분이다.

❸ 들고 나갈 책을 선택한다.

책을 선택할 때는 세 가지를 고려해야 한다. 첫째, 어떤 책을 들고 갈 것인가, 둘째, 어느 정도 무게가 나가는 책을 가져갈 것인가, 셋째, 여정이 짧게 느껴질 정도로 몰입이 가능한가. 이제 시간을 조금 넉넉하게 계산해서 세부적인 독서 계획을 세우자.

역까지 걸어가는 데	10분
차가 도착할 시간까지	5분
도봉역에서 광화문역까지	50분
광화문역에서 세종문화회관까지	10분
총	75분

즉, 한 시간 15분쯤이 걸린다. 너무 일찍 도착했다고 억울해 할 것은 없다. 우리 에게는 그동안 공부할 책이 있으니까. 우리는 이 각 구간에 알맞은 책을 선택해 야 한다. 필자의 선택을 예시한다. 걷거나 차를 기다릴 때 나는 미련 없이 휴지 통에 넣기로 결정한 사전 중 세 장을 A4 크기의 파일에 끼워 넣는다. 전철 안에 서 보낼 50분을 위해서는 소설이나 컴퓨터 관련 서적처럼 시끄러워도 크게 방 해받지 않을 책을 고른다. 나머지 친구가 올 때까지 기다리거나 길을 걸을 때는 다시 사전 몇 장을 활용한다. 단어를 욀 때는 얼른 단어를 한 번 보고 걸어가면 서 기억에 남는 내용을 왼다. 기억이 잘 안 나면 다시 빨리 확인한다. 글씨를 보

면서 걷다가는 사고가 날 위험이 있을 뿐만 아니라 한 번 보고 기억해야 한다는 생각으로 책을 읽을 때는 그만큼 우리 뇌가 효율을 위해 보다 짧은 시간 안에 시각으로 입력된 내용을 기억하려고 활발히 작동한다. 처음에는 잘 기억이 안 나서 얼른 보고 다시 손을 내리는 동작을 반복하지만, 얼마 지나지 않아 한 번 본 것들이 점점 선명하게 떠오르는 변화를 느끼게 될 것이다. 이런 자투리 시간 이용 방법은 뇌 훈련과 속독 훈련에도 그만이다.

'내'가 '너'를
싫어하는 이유
책을 멀리한 원인을 분석하자

　책은 우리에게 꼭 필요한 약이다. 그러나 사회에서 이슈가 되는 책들은 대개 '가까이 하기엔 너무 먼 당신'이라는 게 문제다. 마치 쓴 약이라도 되는 듯 책 읽는 게 싫거나 졸린 이유는 대개 두 가지로 압축된다. 책이 너무 어렵거나 재미없을 경우다. 책이 어렵거나 흥미를 끌지 못한다는 것은 내가 아직 그 책을 읽을 준비가 되지 않았다는 뜻이기도 하다. 이럴 때는 정말 그 책이 재미없어서라기보다 내 지적 수준이 그 책을 받아들일 만큼 성장하지 못했을 확률이 더 높다는 사실을 알아야 한다.

　모르는 말이 너무 많아 오래 전에 책상 모서리에 던져두었던 책을 집어 들고 무심코 읽었을 때 당시에는 몰랐거나 공감할 수 없었던 구절이

불현듯 마음에 와 닿는 경험을 해본 일이 누구나 한 번쯤은 있었을 것이다. 내 마음과 지식의 변화에 따라 일정한 시간이 지나면 던져두었던 책이라도 어느 날 갑자기 오랜만에 만난 친구처럼 반갑게 느껴질 수 있다. 그러니 꼭 읽어야 해서 구입했는데 잘 모르겠거나 지루하다면 초록색 계열의 바퀴 알림장을 끌고 와 잠시 맡겨놓는다. 그리고 왜 거기에 두었는지 딱 한 줄만 메모한다. '너무 어렵다', '재미없다', 기타 등등……. 일정 시간이 지난 후 정기적으로 초록색 계열의 바퀴 알림장을 확인하고 만만해 보이는 것부터 다시 펼쳐본다. 책이 갑자기 꼭 필요해졌다거나 자신이 아직 그 책을 읽을 단계가 아니라면 다시 졸리기 시작할 것이다. 그러면 또 알림장에 넣어두고 다시 일정한 시간이 지나기를 기다린다. 조급해 할 것 없다. 그 책은 당신의 연인이 아니므로 살뜰하게 돌봐주지 않아도 언제까지나 충성스럽게 거기서 기다려줄 테니까.

우리가 멀리하는 책들은 나름대로 다 그만 한 이유가 있다. 이들의 속성은 하나같이 매력 없는 연인을 닮았다. 가까이 하지 않아도 우리를 비난하지 않고, 아무리 못 본 척해도 충성스럽고 미련하게 그 자리에서 먼지를 쓰고 기다리고 있으며, 우리를 배신하고 다른 사람의 품에 안길 염려도 없다. 그러다 문득 이러면 안 되지 싶어 펼쳐 들고 들여다볼라치면 진리를 무기 삼아 여지없이 지겨운 잔소리를 질러댄다. 마치 담임이나 조강지처처럼 말이다. 그러나 사람이라면 일말의 양심은 있어야 한다. 비교적 시간이 많고 딱히 할 일이 없는 날은 이런 충성스런 책들을 점검해야 한다. 적어도 한 번쯤은 변함없이 그 자리에서 나를 기다려준 보답으로 녀석들의 얼굴을 이리 보고 저리 보고 예뻐해가면서 읽어주기로 하자. 미련곰탱이 같은 진국이 내게는 뼈와 살이 된다는 것을 젊은이들도 살아갈수록 깨닫게 될 것이다.

어려운 책과
화해하기
포기했던 책 다시 읽기 전략

상대가 누구이든 무엇이든 소원한 관계를 되돌리기 위해서 우리는 그 대상을 만나야 한다. 만나서 서로를 가로막는 원인을 없애 한랭전선을 온난전선으로 대체해야 한다. 그러기 위해서는 함께 노닐자. 그게 책일지라도.

어린 시절의 기억을 모두 퍼 올려보자. 기억 한 자락에 책을 함부로 했다고 부모님께 꾸중 들었던 기억이 도사리고 있는지, 책과 노닐던 그 즐거운 순간을 어른들이 빼앗고 그 친구가 성적을 올리는 데 별 도움이 안 된다면 만나지 말라고 꾸중한 일은 없는지. 아이들은 책을 눈이 아니라 온몸으로 받아들인다. 때문에 아이들은 좋아하는 책 속의 이야기는 현실로 인식한다.

　종종 어린이들은 그림책으로 집을 만들고 블록을 쌓으며 놀곤 하는데 그런 장면을 맞닥뜨린 어른들은 대개 책은 눈으로 보는 것이며 집짓기 놀이는 레고 등의 블록으로 하라고 주의를 준다. 하지만 아이들이 그림책으로 집을 짓는 이유는 인형들이나 들어가 사는 장난감 집으로서 관망하는 것이 아니라 자신이 이야기로 지은 그 집 속에 들어가 주인공이 되고 싶기 때문이다. 좋아하는 책을 쓰다듬고 팔에 끼고 다니고, 머리에 베고 자기도 한다.

　꼭 읽어야 할 책인데 가까이하기가 싫다면 일단 그 책과 화해부터 하라고 권하고 싶다. 어느 날 그 책을 마주하고 허심탄회하게 책과 대화를 해보자. 자신이 왜 그렇게 그 책과 사이가 나빠졌는지. 그 책이 당신이 발붙일 공간을 주지 않아서였는지도 모르며, 당신이 그 책이 말 붙일 기회를 주지 않았기 때문인지도 모른다. 거리를 좁히는 것이 관건이다. 우리가 사는 동네의 길은 편안한 마음으로 산책할 수 있다. 그건 내가 익히 아는 풍경이며 모퉁이마다 내 흔적이 남아 있기 때문이다. 잡초가 우거진 산이라도 오솔길이 나 있는 것은 그 길로 갈 필요를 느끼는 발걸음을 자주 했기 때문이다. 어려운 책도 이와 같다. 일단 길을 내면 발걸음은 점점 빨라진다.

　책과 화해하는 방법은 다음과 같다.

1. 책을 멀리한 원인 분석하기

화해하려면 보다 많은 시간을 어울려야 한다. 책과 노닐고 책 위를 거닐자. 그리고 왜 그 책을 멀리하게 됐는지 이유를 분석하자.

2. 책에 발자국 남기기

익숙한 발자국을 내고 지도를 만들면 언젠가 그 책을 찾았을 때 길을 잃지 않고 나아갈 수 있다. 접착식 메모지 등으로 중요내용이 있는 곳을 표시해둔다.

3. 위험표시 미리 해두기

그 책을 보았을 때 이해가 안 갔던 부분을 표시해두면 나중에 거기서부터 해결할 수 있어 책 읽는 시간을 절약할 수 있다.

4. 안전장치 마련하기

1의 분석에 따라 어려운 단어가 문제였으면 일단 단어 뜻부터 찾아 접착식 메모지로 해설을 단다. 내용의 이해가 어려웠다면 같은 분야의 쉬운 책을 찾아 스스로 해설 노트를 만들어 붙여보자.

어린 시절 집짓기 놀이의 재료가 되어준 그림책은 환상의 공간이다. 아동심리학자와 아동문학가, 정신분석학자들이 연구에 연구를 거듭해 아이들이 환호하는 주제가 무엇인지 알아냈고, 그 원리에 따라 창작해낸 것이기 때문이다. 아이들이라면 누구나 표지를 젖히는 순간 아름다운 그림이 눈앞에 펼쳐지는 책에 매료될 수밖에 없을 것이다. 그림책이 주는 즐거움의 기억은 반드시 그 책이 품고 있는 재미있는 내용 때문만은 아니다. 그림이 주는 화려한 세상에 대한 동경, 또 어디에 펼쳐놓아도 벽돌처럼 모양을 유지하는 튼튼함 또한 매력의 한 요소인 것이다. 그림책은 겨울날에는 문을 열 때마다 밀려들어 오는 찬바람을 막아주는 훌륭한 병풍이며, 여름에는 방 안으로 깊숙이 들어오는 햇빛을 가리는 가리개 역할을 한다. 집이 재미있는 이야기와 아름다운 그림으로 가득 찼다는 사실은 어린이들에게 행복감을 가져다준다. 아이들에게서 이런 행복을 빼앗지 말자. 책은 내게 휴식을 주는 것이어야지 학원과 과외로 내모는 도구이어서는 안 된다.

독서전략
십계명

■ 책을 펼치는 게 고역이라면 재미있게 읽었던 책에서부터 다시 시작하라.

우리는 이미 책을 읽기 싫거나 두려운 상황을 극복하고 몇몇 권의 책을 기꺼이 읽은 경험이 있다. 이런 경험은 우리에게 성취감을 맛보게 해주었다. 성공한 기억은 우리 뇌를 발달하게 해준다.

② 난이도가 높지만 읽는 데 성공했던 책을 가까운 곳에 놔두도록 하라.

그동안 읽었던 책들 중에 명작을 엄선해서 가까운 곳에 놔두고, 꼭 읽어야 할 책을 그 책들과 함께 언제든 찾을 수 있도록 늘 일정한 곳, 손이 닿는 곳에 두자. 그래야 책을 읽겠다는 마음을 먹은 순간 바로 펴 들고 읽을 수 있다. 그렇지 않으면 책을 찾아 헤메다가 아까운 시간을 허비하게 될지도 모른다.

③ 해설서와 연관서적을 적극 활용하라.

책을 읽어야 하지만 내용이 너무 어렵게 느껴졌다면 그것은 기초 지식이 부족한 탓이다. 따라서 해설서나 같은 분야의 다른 쉬운 책을 먼저 읽어 기초 지식을 쌓아야 한다. 그러면 모르는 말 때문에 더 이상 읽지 못하는 일은 거의 없을 것이다.

④ 인내심과 모험심이 있는 독자라면 일단 지르고 봐라.

소위 맨땅에 헤딩하라는 말이다. 해설서와 참고서는 쉽게 가도록 도와준다는 좋은 점이 있지만 그 책을 읽으면서 얻게 되는 자신만의 생각이 원천 차단될 수 있기 때문이다. 원래 명약은 쓰다. 쓴맛의 진미를 느낄 수 있는 사람이야말로 달인의 경지에 들었다고 할 수 있다.

5 묻는 것을 부끄럽게 생각하지 마라.

모르는 것을 배우기 위해 묻는 것은 부끄러운 일이 아니다. 모르면서도 아는 척하는 것이 부끄러운 일이다. 공자孔子의 말 중 《논어論語》 〈위정爲政〉편에 '지지위지지知之爲知之요, 부지위부지不知爲不知함이, 시위지야是爲知也'라는 말이 있다. '아는 것을 안다고 하고 모르는 것을 모른다고 하는 것이 지知'라는 의미다. 무릇 진정한 지성인이면 모르는 것을 아는 척하지 않는 법이다. 사실 춘추시대처럼 정치상황이 한 치 앞을 내다볼 수 없는 상황에서는 모르는 것을 아는 척하기는 쉬워도 아는 것을 안다고 하기가 더 어렵다. 그런데 지금은 세계적으로 춘추전국시대만큼이나 혼란스럽다.

박해를 각오하고 아는 것을 안다고 하는 것은 위험한 일일 수도 있다. 하지만 모르는 것을 모른다고 하기는 그보다 쉬운 일이다. 자신이 모르는 것을 고백하고 기꺼이 다른 사람에게 한 수 배우기를 청해보자.

6 책을 이동식 정리함 여러 개에 난이도와 분야별로 분류해 가까이 두어라.

어려워서 읽다 만 책은 편안한 색 함에, 자주 보아야 하는 책은 눈에 잘 띄는 색의 함에 넣는다. 흥미위주의 책, 킬링타임용 책은 빨강색처럼 오랫동안 보면 피곤해지거나 싫증이 잘 나는 색깔 함에 넣도록 하자. 이 함들을 책상과 책장 주변의 공간에 정리해 넣고 독서 스케줄을 짠다. 바퀴 달린 함에 정리해놓으면 원할 때 언제든 당겨서 쓸 수 있고 책을 읽고 난 후에는 필요한 곳으로 쉽게 이동시켜 정리할 수 있다.

7 책을 멀리하게 된 원인을 분석하자.

책이 어려워서 포기한 것인지, 재미가 없어서 읽다 만 것인지를 확실히 알면 그에 꼭 맞는 처방을 내릴 수 있다. 따라서 우선 독서를 끝내지 못한 원인을 분석해야 한다.

8 어려워서 포기했던 책을 읽을 때는 새로운 전략이 필요하다.

일단 어려워서 다시 포기하더라도 부분적으로 계속 반복해서 기회가 있을 때마다 책을 들쳐 본다. 나무와 잡초가 우거진 산속에도 오솔길이 나 있는 것은 그 길로 사람들이 끊임없이 오갔기 때문이다. 어려운 책도 이와 같다. 일단 길을 내면 발걸음은 점점 빨라진다.

9 책에 익숙한 발자국을 내라.

책에 자신만의 지도를 만들면 언젠가 그 책을 찾았을 때 길을 잃지 않고 나아갈 수 있다. 이해가 안 갔던 부분을 표시해두면 훗날 다시 펼쳐 들었을 때 책 읽는 시간을 절약할 수 있다.

10 책에 안전장치를 마련하라.

자신이 읽으려는 책에서 어려운 단어가 문제였다면 일단 단어 뜻부터 찾아 접착식 메모지로 해설을 단다. 내용의 이해가 어려웠다면 같은 분야의 쉬운 책을 찾아 스스로 해설 노트를 만들어 붙여본다.

III

독서 '본때뵈기'

본때를 보여주자
유혹을 이겨내지 않으면 결과도 없다.
독서와 공부를 게을리하게 만드는 유혹들과
자신과의 싸움에서 보란 듯이 이겨내서
원하는 바를 성취해보자.

두드려라, 쉬지 말고, 열릴 때까지!

책은 공격적인 자세로 읽자

유명한 피아니스트가 사는 저택이 있다. 저택 안에는 그가 연주하는 아름다운 피아노 음악이 흐른다. 그때 누군가 초인종을 누른다. 그는 누군가 자신을 부르는 소리에 연주를 멈추고 아래층에 내려가 인터폰을 켠다. 하지만 문밖에는 아무도 없다. 성마른 방문자가 주인이 2층에서 내려오는 그 짧은 동안을 참지 못하고 어딘가로 가버렸기 때문이다. 문을 두드렸던 방문자는 음악 소리에 이끌려 그 집을 찾아갔는데 막상 노크를 하자 음악이 사라졌다는 사실에 당황했을 수도 있다. 하지만 밖으로 흘러나오는 음악 소리로 미루어 안에 누군가 있다는 확신을 가지고 기다렸다면 방문객은 분명 피아노를 연주하는 당사자를 만났을 것이다. 어쩌면 그 연주자가 내오는 향기로운 차와 고소한 쿠키를 대접 받았을는지도 모른다. 이쯤에서 예수님의 산상수훈을 상기시키고자 한다.

구하라 그리하면 너희에게 주실 것이요 찾으라 그리하면 찾아낼 것이요 문을 두드리라 그리하면 너희에게 열릴 것이니

- 마태복음 7장 7절

책을 읽는 일도 이와 같다. 창 너머로 음악 소리가 들리듯이 그 책에 대한 평가가 독서신문이나 인터넷 등에 올라 있다. 분명 누군가에게 감동을 주고 도움이 되었으니 내용상 알찬 뭔가가 있는 것 같아 선뜻 돈을 지불하고 샀다. 그런데 서문을 읽어보니 저자의 문체가 마음에 안 든다. 혹은 첫마디부터 자신이 잘 모르는 말로 시작한다.

'에휴~! 골치 아픈 책이로군. 나중에 시간이 남아돌아서 뭘 할지 걱정일 때 읽는 게 좋겠다.'

그러고는 언젠가를 기약하면서 책을 서가에 꽂아둔다.

누구나 죽지 않으려고 발버둥을 친다. 하지만 아무리 장수한다고 해도 100세를 넘어 살기가 쉽지 않다. 사고나 병이 나지 않는 한 그런 대로 평균연령 정도의 시간은 자유롭게 누릴 수 있다는 점, 죽는 날짜를 모른다는 것만 빼면 죽는다는 문제에 있어서는 사형수와 다를 게 없다. 그래서 많은 사람들이 이 짧은 시간을 가장 아름답게 장식하고 가고 싶다는 꿈을 꾼다.

다시 시간 이야기로 돌아가서, 애써 집어 든 책을 언제까지나 방치해 둘 만큼 우리에게는 시간이 많지 않다. 어차피 책이란 공부와 완전히 떼어놓고 생각할 수 없는 인간의 문명이기다. 전략적으로 다가가야 한다. 그러기 위해서는 우선 책을 나만의 필요에 따라 분류하고 꼭 필요한 책은 재미가 있으나 없으나, 쉬우나 어려우나 가리지 말고 주위에 배치하자. 그리고 그 책에 대한 기피증세가 호전되기를 한두 번 기다려도 안 될 때는 과감하게 뽑아 들고, 그 책을 끝낼 때까지 책상 앞에 진득하게 앉아 있어야 한다. 차라리 우리 히프가 의자와 하나로 붙어 있다고 생각하자. 이런 과정을 보다 덜 고통스럽게 하는 방법이 없는 것은 아니다.

일본 민족은 독서를 즐기는 민족 중 하나다. 그런데 이 지적인 취미는 의외로 불편한 주거형태에서 유래된 것이라고들 한다. 한국처럼 난방시설이 발달하지 못했던 일본에서는 바닥에 다다미를 깔아 냉기를 차단하는 방법으로 겨울을 났다. 우리나라보다 기후가 좀 따뜻하다고는 해도 바닥에서 올라오는 엄동설한의 냉기는 참으로 고통스러웠을 것이다. 난방기구라고는 침대 머리나 눈앞에 놓인 백열전구가 유일했다. 찬 다다미에서는 오래 누워 있을 수가 없었다. 그래서 늦게까지 깨어 있었다. 그리고 앉아 깨어 있는 시간의 무료함을 달래려고 책을 읽었다. 그러다 보니 책 읽는 자세를 취했을 때 집에서 제일 따뜻한 이 장소가 가장 몸에 가까워지는 형국이 된 것이다. 바로 추위와 무료함을 견뎌내기 위해 다다미에 무릎 꿇고 앉아 책을 읽었던 것이다. 이것이 사실인지 아닌지 검증해보지는 않았지만 추운 날 따뜻한 곳에 등을 대고 누우면 잠이 오는 것만은 사실이다. 따라서 책을 많이 읽고 싶거든 책상에서 먼 곳에 위치한 따뜻하고 쾌적한 곳을 없애야 한다. 그리고 책상을 집에서 가장 따뜻하고 가장 오래 있고 싶은 곳으로 만들어야 한다.

각개격파 하라,
가능한 한 독하게!
밀린 책을 지금 당장 차례로 독파하자

'본때뵈기'란 우리 전통 무술인 택견에서 본격적으로 경기를 하기 전에 택견의 모든 동작과 기술들을 하나로 연결시켜 보여주는 시범행위를 말한다. 그러나 예전에는 택견판에서 오통각지의 대표로 온 선수들과 다섯 판을 겨루어 내리 이김을 달성한 승자가 구경꾼들에게 택견이란 이런 것이다, 하고 시범적으로 보여주는 오락적 성격을 띠고 있었다.

본때뵈기는 마치 춤을 추는 것처럼 보이지만 택견이라는 무술의 진면목과 연행하는 사람의 무술적 기량을 한 번에 알아보게 해준다는 데 시연의 목적이 있다. 누군가에게 경고를 할 때 쓰는 우리말 표현, '본때를 보인다'는 것은 이 택견 용어에서 유래된 것이다. 이제부터 우리도 독서와 공부를 게을리하게 만드는 유혹들과 자신과의 싸움에서 오통을 달성하고 본때를 뵐 준비를 하기로 한다.

미션 1. 독서를 왜 하는지 알게 하라

책을 가까이하기 위해서는 그동안 책을 가까이하지 못했던 이유부터 분석할 필요가 있다. 책을 읽지 못하는 이유는 다양하다. 우선 돈이 없어서 책을 많이 살 수 없는 경우가 있다. 이 경우 자신이 거주하는 곳을 중심으로 공공도서관이 어디 있는지 파악해 나만의 데이터베이스를 구축할 필요가 있다. 공공도서관이 멀리 있어서 소용없다고 말하는 사람이 있을는지도 모르겠다.

대한민국은 세계 어느 나라보다도 공공교통망이 발달한 나라다. 지하철로 EU 각국을 한 번에 갈 수 있는 유럽인들조차도 우리나라에 와보고는 감탄한다. 미국인들은 기본적으로 동네 마실을 한두 시간 할애하고 다닐 각오를 한다. 그들에게 서너 시간 거리면 아주 가깝지는 않지만 양호한 근거리에 속한다. 그렇게 보면 깡촌이라도 발품을 조금 팔면 큰길과 연결되는 대한민국에서 도서관이 멀어서 못 갈 곳이 있다면 무인도뿐이다. 자신이 투자하는 수고에 대해 어떤 태도를 가지느냐가 중요하다. 위의 두 경우 심각성은 그리 크지 않다고 볼 수 있다. 그러나 다음과 같은 이유가 독서를 방해한다면 문제가 심각하다.

책보다 다른 재미있는 것들이 너무 많다. 모바일게임도 해야 하고 인터넷게임도 해야 하며 텔레비전도 봐야 한다. 메일을 확인하려고 인터넷에 접속했다가 시간 가는 줄 모르고 인터넷 검색에 빠지곤 한다면 책 읽기는 정말 어려워진다. 이럴 때 연착륙하는 방법은 전자책을 이용하는 방법이다. 사실 종이책은 무거워 들고 다니면서 보기에 불편한 것이 사실이다. 이럴 때는 전자책 단말기를 구입해서 책과 친해지는 것도 좋은 방법이다. 전자책이 아직 다양하지 못하다는 단점이 있기는 하지만, 중앙도서관 홈페이지에 접속하면 읽을 만한 책이 꽤 있다. 요즘은 인터넷 소설류나 문학, 실용서 외에 학위논문, 학술서적 등도 전자책으로 많이 출판되는 추세이기 때문이다. 얼마 안 있어 종이책과 종류 수가 거의 같거나 훨씬 많은 종류가 발행될 수도 있다. 종이책에서 전자책으로의 변화는 얇은 대나무 편에 글을 써서 보관하던 공자 시대의 책이 종이로 바뀌었던 변혁에 비견할 만하다. 그렇다 하더라도 일단은 비디오와 게임기, 그리고 인터넷 중독에서는 헤어나야 한다.

2010년 메릴랜드대학의 연구팀은 대학생 자원봉사자 200명을 대상으로 '언플러그드unplugged'라는 실험을 진행했다. 이들의 연구에 의하면 인터넷 이용자 중 5~10퍼센트는 인터넷 중독자였고, 이들에게는 코카인이나 알코올 중독에 걸렸을 때와 같은 부위의 대뇌 회백질에 손상이 보였다고 한다.

자제력이 없으면 인터넷은 사용자에게 마약과 같다. 마약이 꼭 필요한 약이 될 때가 있는 것처럼 인터넷도 빠른 시간 안에 우리에게 다양한 정보와 지식을 주는 편리한 도구이지만 책을 읽을 때만큼은 방해가 된다.

문제는 왜 굳이 책을 읽어야 하는가다. 아무 매체를 이용해서든 지식을 얻으면 되는 것이 아닐까? 책을 읽거나 공부를 하면 기억이 저장되는 대뇌피질이 발달하게 된다. 뇌과학자인 서유헌 박사에 의하면 모든 신경 세포는 사용하면 할수록 회로가 많아지고 튼튼해지지만, 잘 쓰지 않으면 회로가 막히고 가늘어지며 수도 적어진다고 한다. 독서의 중요성을 강조하면 청소년들은 세대 차이를 들먹이면서 반발하지만, 이것은 세대 차이에 기인한 편협한 생각이 아니라 엄연한 뇌과학적 사실이다. 따라서 대뇌에 손상을 일으키는 게임이나 인터넷에 매달릴 것인가, 뇌를 발달시키는 독서를 할 것인가는 선택의 문제가 아니라 엄연한 정답이 존재하는 사안인 것이다.

미션 2. 방해요인을 제거하라

정답인 독서를 하기 위해 자신의 방에서 유혹의 원흉인 인터넷이나 게임기들을 모두 치워버릴 필요가 있다. 이런 조언을 했을 때 어린 시절의 추억 운운하면서, 게임을 하지 않을 테니 제발 정겨운 그 물건을 책장에 놓게 해달라고 떼를 쓰던 녀석이 있었다. 이미 말했지만 인터넷과 게임은 마약과 같다. 추억만을 상기시키는 마약은 없다. 어린 시절의 추억을 그 마약이 가리고 있다는 사실을 직시해야 한다. 게임기에서 눈을 떼고 나면 어린 시절 바라보던 하늘의 별자리도, 하이킹하던 때의 신선한 바람의 기억도 다시 떠오를 것이다. 지난 추억이 정말 게임기를 가지고 놀던 기억뿐이라면 그 아이는 가엾은 피해자라고 하겠다. 하지만 대부분의 경우 다른 아름다운 기억을 게임의 추억이 짓부수고 있어 그렇다고 착각하고 있는 것뿐이다. 자신의 마음으로부터 스멀스멀 솟아오르는 이런 눈 가림식 유혹을 공부를 하려는 사람은 독하게 마음먹고 스스로 단호하게 물리쳐야 한다. 어쨌든 현대사회의 특성상 이메일이나 정보수집 등이 필수적인 인터넷에서 멀어지면 또래집단에서 원활한 인간관계를 맺거나 사회생활을 하는 데 문제가 생길 수도 있다는 것은 사실이기는 하다. 필요할 때 사용할 수 있도록 놔두되 가능한 한 독서환경에서 멀어지게 해야 한다. 그리고 독서하는 곳은 잠시도 떠나기 싫을 정도로 쾌적하고 편리하게 주위를 정돈하는 것이 좋다.

방이 넓다면 두 부분으로 나누어보자. 인터넷이 연결된 곳은 방에서 가장 춥고 어수선한 곳으로 하라. 방석도 놓지 말아야 한다. 오래 앉아 있으면 불편해서 못 견디도록. 반면 책을 읽는 곳은 가장 밝고 화사하면서도 포근하게 꾸미자. 구경 왔던 사람조차 잠시 머물다 가고 싶을 정도로 말이다. 그리고 책을 읽지 않을 때도 거기 앉아 노니는 버릇을 들여야 한다.

외둥이라면 마음이 외로울 때 읽을 책을 준비하는 게 좋다. 말 한마디 나눌 사람 없는 외둥이들은 형제가 많은 아이들보다 외로움을 쉬 타고 그 공허감을 인터넷 검색이나 게임으로라도 메우려는 경향이 있다. 이런 생각이 들기 전에 책을 뽑아 들 수 있도록 유익하면서도 지루하지 않은 책들을 책상 주위에 꽂아준다.

책상이 가장 쾌적하고 머물기 좋은 곳이라는 느낌을 무의식중에 지속적으로 가지게 되면 학생들이 일반적으로 겪는 책상기피증이 사라진다. 책상에 머무는 시간이 많아지면 일단 두 번째 미션은 성공한 셈이다. 이제 본격적인 공부와 독서를 준비하는 다음 미션을 준비할 때다.

미션 3. 독서목록을 한눈에 파악하게 하라

미션 1, 2에 성공한 이에게 책상은 마음이 복잡할 때 차 한 잔을 놓고 생각을 정리하는 곳이며 외로울 때 위로해줄 따뜻한 책들이 기다리는 곳이다. 이제 그곳은 세상을 자신의 정원으로 삼을 실력을 닦는 곳으로 거듭나야 한다. 그러기 위해서는 계획적이며 전략적인 책들의 재배치가 필요하다.

요즘은 가구점뿐만 아니라 대형마트 가구 코너에도 책장과 책상을 결합한 디자인의 가구들이 많다. 간단하게는 이런 가구들도 나쁘지는 않다. 그러나 자신만의 공간을 정성 들여 꾸미는 것은 독서에 새로운 활력을 불어넣는 요인이 될 수도 있다. 오래된 동네 가구점에 부탁해 자신만의 공부방을 편리하게 디자인한 다음 빌트인 가구로 꾸며보는 것이 좋다. 또 품질 좋은 가구를 값싸게 공급하는 가구전문시장을 이용하는 것도 한 방법이다.

물론 일부러 가구를 구입할 필요는 없다. 기존의 가구를 재배치하거나 쓰던 것을 활용해 집에서 책꽂이 등을 만드는 것은 더더욱 좋은 방법이다. 가구가 준비되었으면 이제 자신에게 가장 필요한 분야가 무엇인지 생각한 후 중요도 순서대로 정리한다.

주의할 점은 다음과 같다.

첫 번째, 시한을 정해야 한다는 것이다. 책상에서 가까운 순서대로 책을 배열하면서 시한을 정한다. 예를 들어 책상 위의 어학 책은 일주일, 혹은 한 달 안에 독파한다는 식으로 계획을 세우고 얼마나 실행했는지 매일 체크해야 한다.

두 번째, 서가를 장기계획과 일치시켜야 한다는 것이다. 사람들은 매년 12월 마지막 주가 되면, 새해 첫 주가 되면 한 해 계획을 짜곤 한다. 보통 이 계획은 한 해 동안 꼭 이루고 싶은 소망을 정리하는 일로 시작된다. 말하자면 1년 계획인 셈이다. 다음으로는 그것을 실현시키기 위한 매달의 세부 계획으로 들어간다. 매달의 세부 계획은 다시 매주 계획으로 세분하고 매주 계획은 하루 계획으로, 하루 계획은 일정에 따라 버스를 타는 시간, 전철을 타는 시간, 집에 돌아와 화장실을 가는 시간 등으로 세분한다. 이러한 장기계획에 맞춰 독서계획을 해야 실패가 적다.

설날 같은 명절에는 어느 집이나 풍경이 비슷하다. 친척들이 몰려와 북적이고, 여자들은 차례상을 준비하고, 아이들은 어른들이 시키는 심부름을 한다. 또 중간중간 설날 특집으로 방영되는 텔레비전을 보기도 하고, 오랜만에 만난 친척들과 담소를 나누기도 한다. 1분 1초가 아까운 입시생이나 고시준비생들에게는 불편한 일이 아닐 수 없다. 그렇다고 딱히 혼자만 자신의 계획을 실행할 공간이 있는 것도 아니다. 이런 경우 친척들과 만나는 이 시간을 대화를 단절하지 않으면서도 유익하게 활용할 수 있는 일이 바로 서가 정리다. 먼지가 쌓인 책들 중에서 좋은 책을 오랜만에 만난 친척들과 함께 골라내보자.

독서 계획과
함께 하는
서가 정리

계획을 교양서적 365권 읽기로 해보자. 365권이 많다고 생각하는 독자도 분명 있을 것이다.

첫 한 권을 읽을 때는 아무리 노력해도 다 읽는 데 며칠이 걸린다. 그러나 계획을 제대로 실천한다면 준비한 책들은 늦어도 열 달이 가기 전에 동난다. 하루에 두세 권을 읽을 정도로 책 읽는 데 내공이 생기기 때문이다. 50권짜리 전집을 날밤 새우며 사흘 안에 읽어버린 초등학교 5학년 학생을 필자는 잘 알고 있다.

1 책상 위 간이 책꽂이에 바로 읽어야 할 교양서적 두세 권과 당장 필요한 과목의 학습서 등을 꽂는다.

2 책상에서 가까운 눈높이의 서가에 1월에 읽기로 계획한 책들을 꽂고, 그 책 주변 사방을 2, 3, 4, 5월에 읽는 책 등으로 포진시킨다.

3 월별로 남은 자리에 나머지 책들을 배치한다.

모든 서가를 이런 식으로 정리할 수는 없다. 책이 많은 집이라면 시간도 엄청나게 들 뿐만 아니라 모든 책을 보려고 욕심을 부리다가는 단 한 권의 책도 제대로 보기 어렵다. 따라서 이런 방식을 따르는 정리는 책상을 주변으로 꽂기로 한 책들, 1년 계획 안에 읽어야 할 책을 중심으로만 한다. 나머지는 조금 먼 곳에 배열하되 차차 한 권씩 정복해 나간다.

서가는 색색 책들이 꽂힐 곳이므로 책상의 전면에 배치하면 집중력을 떨어뜨릴 수 있다. 따라서 책상 앞뒤에는 당장 보아야 할 한두 분야의 책을 정리해놓을 책꽂이 정도를 놓아둔다. 이렇게 하면 공부를 하는 중에도 책들이 쌓이다 무너진다든가 무분별하게 시야를 어지럽히지 않는다.

매의 비상飛上
나이별 인생조감도를 그리자

남북이 분단되기 전 황해도 지방에 전해 내려오는 전설이 있다. 저술가 백기완이 전하는 장산곶매의 이야기다.

먼 옛날 장산곶에는 우리 민족의 수호신과도 같은 매가 살고 있었다. 요즘 불법조업을 일삼는 중국 어선들이 쇠창으로 무장한 배를 몰고 황해 바다에 나타나서 물고기를 싹쓸이해 가고 우리 해경을 마구 해치듯, 당시에는 중국으로부터 독수리가 날아와 마을에 큰 피해를 끼치곤 했다. 그런데 그럴 때마다 이 땅을 지키는 거대한 매가 밤새 따악, 딱 소리를 내면서 자기 둥지를 까부수는 소리가 들려왔다. 뒤에 편히 몸을 숨길 곳이 있으면 어려움에 부딪쳤을 때 돌아와 숨고 싶은 것이 인지상정이다. 매도 마찬가지다. 그래서 매는 돌아와 숨을 수 있는 둥지를 없애버리고 중국에서 넘어온 무법자 독수리와 한바탕 목숨을 건 결투를 벌이러 집을 떠난 것이었다.

매가 가파른 절벽에서 커다란 날개를 펴고 하늘로 날아오를 때면 마을 사람들은 북을 치고 꽹과리를 치면서 매의 출정식을 알렸고, 북소리를 들은 사람들은 매가 전쟁에서 이기고 살아 돌아오기를 하늘에 빌었다. 매는 해마다 결투에서 이기고 살아 돌아왔고, 장산곶의 수호신이 되었다.

우리 민요 〈몽금포 타령〉의 '장산곶 마루에 북소리 나더니 금일도 상봉에 임 만나 보겠네'라는 가사는 바로 이 전설에서 유래했다. 매가 이기고 돌아오면 소원이 이루어진다는 속설도 생겼고, 매의 출정식을 알리는 북소리는 얼마 지나지 않아 매가 이기고 돌아온다는 의미였고, 그러면 그리던 '임'을 보고 싶다는 소원이 이루어질 것이라는 서민들의 소박한 바람이 담긴 것이다.

한편 독수리는 가시나무를 맨 아래에 깔고 그 위에 자기 깃털을 뽑아 덮어서 둥지를 만든다. 새끼들이 자람에 따라 무게가 증가하면 바닥에 깔린 가시가 어미 독수리의 깃털 위로 올라와 따끔따끔 찌른다. 그러면 새끼 독수리들은 그 아픔을 참지 못하고 자꾸 둥지 밖으로 나가서 나는 연습을 하게 된다. 독수리는 바로 이런 과정을 거쳐 하늘의 제왕이 되는 것이다.

이제 책이 자신이 사는 집 현관문을 열었다. 안을 엿보니 독서가 무엇인지 조금 알 것 같다. 어느덧 독서를 통한 공부에 야망이 생겼다. 때는 지금이다. 자신의 연령대를 5년 혹은 10년 단위로 쪼개어 당신의 인생조감도 곳곳에 배치하자. 10대의 모습, 20대의 모습, 30대의 모습, 40대의 모습, 일단 거기까지만 가자. 만일 이 책의 독자가 40대라면? 그 이후부터 기산하시라. 예를 들어 다섯 단위라면 다음과 같이 하는 것이다.

나이	공부 내용	목표
15~20세	교과 과목, 어학영어+α, 현대문학	수능 만점, 원하는 대학 가기.
21~25세	토익, 경제학, 컴퓨터 관련 자격증	토익 만점, 자격증 2개 이상 취득, 취직.
26~30세	경영학, 재테크, 자신의 직업과 관련된 자격증	승진, 결혼.
31~35세	심리학, 사회학 혹은 국제경제	CEO 되기.
36~40세	펀드 실무 및 관련 법규	경영 컨설턴트 혹은 펀드 매니저 되기.

　매가 날듯이 높은 곳에서 자신의 인생을 내려다보면 인생지도가 보인다. 그곳에 조감도를 그려보자. 5년 단위로. 청소년 독자라면 아직 인생에 대한 경험이 부족한데 어떻게 전체 인생지도를 그릴 수 있는지 의아하게 생각할 수도 있다. 그런 때는 새로운 장소에 캠핑을 갈 때 우리가 어떻게 준비하는지 생각해보기 바란다. 어차피 인생은 미지의 세계로 떠나는 여행처럼 곳곳에 모험과 의외의 사건이 기다리고 있다. 일단은 여행을 떠나기 전처럼 정보를 찾고 필요물품과 여행일정을 짜고 지도를 준비해야 한다. 막상 여행을 떠나보면 지도에는 나오지 않은 낯선 길이 나타

나기도 한다. 이때 그 길이 더 가깝고 평탄한 길이라면, 혹은 약간 험난해도 경치가 아름답다면 그곳에서 바로 경로를 수정할 수 있다. 내비게이션과 같은 전체적인 인생조감도가 준비되어 있을 때 우리는 세부 일정을 수정하더라도 곧 새로운 길을 찾을 수 있기에 당황할 필요가 없다. 이처럼 우리에게는 일단 인생을 관통하는 큰 지도가 필요하다. 실제 장소에 도착했을 때 사정에 따라 세부 계획은 수정하도록 하자. 매 순간 자신의 계획을 세워 실천했던 사람은 길 잃은 다른 사람이나 자신이 속한 단체의 계획도 쉽게 세울 수 있으며, 그런 사람은 결국 기회가 왔을 때 한 사회의 리더로 올라서게 된다. 인생이라는 지도를 만들기 위해 자신의 시야를 넓힐 수 있는 최상의 위치에서 조감도를 그리듯 인생을 위한 계획을 세우자.

공부를 위한 연상법
언어유희의 연상법을 공부에 도입하자

심리전의 대가를 들라면 구 제국주의 일본시대의 정책 입안자들을 들 수 있다. 그들이 조선침략 백년대계를 세우고 처음으로 조선에서 취했던 제스처는 일본문화의 수출이었다. 무엇보다도 조선을 전쟁물자 조달지로 만들고 수탈을 원활히 하기 위해서는 조선인들에게 일본말을 가르치는 것이 급선무였던 것이다. 빼앗기는 자들이 말을 알아들어야 협박도, 사기도 통하는 법이기 때문이다. 따라서 침탈의 목적으로 처음 조선에 왔을 때는 총과 칼로 무장하기 전에 먼저 저희들 언어를 보급했다.

당시를 회고한 평양의숙 교양학부 교수 고故 C씨의 증언에 의하면 그들의 언어교육 방법은 바로 연상법이었고, 이 방법은 엄청난 효과를 발휘했다고 한다. 일본어로 호랑이는 '도라'다. 우리말로 제자리에서 맴을 돌 때의 동사 '돌아'와 발음이 똑같다.

그들은 동네마다 가서 아이들을 모아놓고는, 동물 탈을 쓰고 연극을 하면서 "호랑이가 돌아 돌아, 도라~!" 하면서 일본 말을 가르쳤다고 한다. 그들의 교활함을 탓하기에 앞서 그들의 언어교육 연구 성과는 박수 쳐줄 만하다. 그런데 연상법이 일본인의 전유물은 아니다. 조선을 문화적으로 침탈하는 데 이런 의외의 효과를 내게 된 것은 서구로부터 받아들인 교육학을 조선 상륙작전의 하나로 채택해서 오랫동안 치밀하게 연구한 결과 얻게 된 성과의 하나일 뿐이다.

우리는 이미 연상에 의한 암기 방법을 전래동요를 부르면서 익힌 경험이 있다. 물론 우리가 전래동요라고 부르는 것들이 실제로는 일제 강점기 시절 일본의 전래동요를 번안한 것들임은 여러 연구가 증명하고 있지만, 이제 외래수입종과 토종을 분리하기 어려운 시점에 있으므로 감안하고 한 가지만 예를 들어보면 다음과 같다.

하나 하면, 할머니가 지팡이 짚고서, 잘잘잘~

둘 하면, 두부 장수가 종을 친다, 잘잘잘~

셋 하면, 새색시가 거울을 본다, 잘잘잘~

넷 하면, 내 동무와 어깨동무하고, 잘잘잘~

다섯 하면, 다람쥐가 알밤을 깐다, 잘잘잘~

여섯 하면, 여우들이 밥을 먹는다, 잘잘잘~

일곱 하면, 일본놈이 칼쌈을 한다, 잘잘잘~

여덟 하면, 여학생이 가방을 메고서, 잘잘잘~

아홉 하면, 아이들이 춤을 춘다, 잘잘잘~

열 하면, 열무장수가 열무 사려~!!

이것은 어린아이들에게 발음과 숫자를 이야기 속의 장면으로 기억시키려는 연상법 중 하나다. 이 노래도 시대적 변천을 겪어 '일곱'에 등장하는 '일본놈'은 글로벌 시대에 맞지 않아 퇴출되고 '일꾼들이 나무를 한다~'와 같은 내용으로 바뀌었다. 아홉은 '아버지가 신문을 본다고~'로 바뀌었는데, 이 노래가 발생한 일제에 몰락한 조선인 아버지 중 편안히 앉아서 신문을 보는 사람은 극히 드물었다는 것을 감안하면 최근에 가필된 내용이라는 사실을 알 수 있다. 하지만 한반도로부터 흘러들어 간 문화가 모든 분야에 영향을 끼쳤다는 사실로 미루어 짐작할 수 있듯이 이들 동요 역시 한반도의 영향을 받아 만들어졌음직하다. 청출어람이라고나 할까? 거기에 근대적인 교육학 이론을 접목시킴으로써 그들의 세뇌와 교육효과는 당시에 한국의 교육자들이 감히 따라올 수 없을 정도의 성과를 이룩했다. 이제 우리는 수출한 후 집단 건망증으로 인해 잊어버렸던 연상원리만 받아들여 다시 우리 것으로 되돌릴 때가 됐다. 위 노래 속에서 이용한 연상작용으로 치자면 이미 우리 토종 전래동요에서 보다 환유적 수법으로 존재하던 요소다. '이 거리 저 거리 각거리'처럼 발음의 유사성을 이용한 노래를 만들어 비슷한 종류 단어들을 나열하여 말을 배우게 하는 놀이에서다. 초등학교 때 배웠던 동요의 가사를 한번 생각해보자.

다음은 강강술래 놀이 중에 빨리 뛰는 군무의 중간중간에 숨을 고르기 위해 부르는 〈남생아 놀아라〉와 〈왕개구리 잡기〉의 가사다.

남생아 놀아라

남생아 놀아라 촐래촐래가 잘 논다

어화색이 저색이 곡우남생 놀아라

육사 적사 소사리가 내린다

청주뜨자 아랑주뜨자 철나무초야 내 젓가락 나무접시 구갱캥

왕개구리 잡기

개고리 개골청 방죽 아래 왕개골

왕개골을 찾을라믄 양폴을 뜩뜩 긋고

미나리 방죽을 더듬어

개고리 개골청 방죽 아래 왕개골

왕개골을 찾을라믄 양폴을 뜩뜩 긋고

미나리 방죽을 더듬어

흉내를 잘 낸다고 하는 남생이의 모습을 우스꽝스럽게 따라 하는 놀이로 상모를 돌리면서 남생이가 꼬리를 흔들고 네 다리를 까딱거리는 모습을 재현한다. 여기서 환유가 쓰인 부분은 '철나무초야 내 젓가락 나무접

시 구갱캥' 하는 부분이다. 철나무초란 빳빳하고 강한 식물로 예전에 상민들이 젓가락 대신 꺾어 사용하던 풀이라고 한다. 철나무초를 부르면서 아이들에게 젓가락을 연상하게 한다. '나무접시 구갱캥~!'은 마찬가지로 넓고 우묵한 나무 편 같은 것을 접시 삼아 쓴다는 뜻으로 보이는데 예전에는 식물의 뿌리로부터 줄기 쪽으로 올라오는 심지 같은 부분을 "고갱이"라고 불렀다. 이를 사투리로 '구갱'이라고 한 것으로 추정된다. 즉, 나무의 고갱이를 캐내서 접시로 쓰자는 의미로 볼 수 있다.

또 〈왕개구리 잡기〉에서 '개고리 개골청'이라는 부분의 청은 현재 정부 청사廳舍나 포도청 등에 쓰는 한자 청廳, 관官에 앉아 점잔을 빼는 관리를 뜻한다. 개구리가 궁궐의 담을 연상시키는 미나리 방죽 아래에 앉아 울 때의 모습은, 개구리처럼 보잘것없으면서 그것을 깨닫지 못하고 점잖은 척 목청을 높이는 지방 관리를 풍자한 것으로 보인다. 따라서 다음에는 자연스럽게 '개구리 나라의 개골청에서 우는 개구리는 미나리 방죽을 왕궁 삼아 미나리깡미나리가 심어져 있는 논에서나 왕 노릇 하는 보잘것없는 왕개구리'라는 의미와 연결된다. 놀라운 환유법이다. 요즘 청소년들이 하는 게임 중에도 이런 연상작용을 이용해 해결하면 죽지 않고 오래 버티는 놀이들이 있다.

대학생들이 자주 하는 게임 중 여러 명이 둘러앉아 자기 닉네임을 정하고 박자에 맞춰 이름을 부르는 놀이가 있다. 처음 시작한 사람은 자기 이름만 부르면 되지만 다음 사람은 앞 사람과 자신의 이름을 함께 불러야 한다. 세 번째 사람은 첫 번 사람서부터 자기까지 세 사람의 이름을 부르게 된다. 이렇게 돌아가다 보면 수십 명의 이름을 다 기억해야 하는 사태까지 간다. 이때 끝까지 살아남는 사람들이 있게 마련이다. 그들의 기억법은 독특하다. 앉아 있는 각 사람의 닉네임을 그 사람과 관련된 어떤 내용과 연상 짓는 방법이다. 예를 들어 A라는 학생이 파란 재킷을 걸쳤다고 하자. 그의 닉네임은 거인이다. 그러면 그가 "거인!" 하고 외칠 때 속으로 "파란 '거인'"하고 통째로 외는 것이다. 안경을 쓴 친구가 "딸기" 하고 외쳤다면 "'딸기' 안경"이라고 속삭여본다. 자신의 차례가 왔을 때 이름을 불러야 할 사람들의 외모를 보면서 통째로 왼 이름의 힌트를 찾아 떼어버리고 말한다. 예를 들어 '파란 거인'이라는 단어가 생각났는데 그 사람이 입은 옷이 파란색이면 '파란'을 떼어버리고 "거인!" 하고 외치는 형식이다. 연상법을 이용해 단어를 통째로 외웠을 때는 그들을 지칭하는 단어의 힌트가 그들의 외모에 들어 있으므로 메모지를 보고 읽는 것과 비슷한 효과를 주는 것이다. 이와 같이 외야 할 항목에 의미를 부여해 연상작용을 일으켜 기억나게 하는 방법을 학습에 연결시키면 큰 효과를 볼 수 있다.

성취감을 맛보기 위한
미래 독서카드
생각대로 된다. 꿈을 긍정하라

유명한 저서이기도 하고 수험생 혹은 대학생 필독서라고도 하여 구입했지만, 정작 읽으려니 졸음이 쏟아지거나 너무 어려워서 그대로 놔둔 책들이 하나둘 쌓여간다고 치자. 읽기는 읽어야겠는데, 갈등을 느낄 때마다 읽어야 한다는 이성보다 읽기 싫다는 감정이 늘 이기고 만다. 그렇다면 어떻게 해서든 동기를 유발하는 힘이 감정을 제어하도록 키워야 한다. 이때에는 마인드 컨트롤을 이용할 필요가 있다. 그 책을 읽은 후에 자신이 얼마나 달라져 있는지를 상상하는 것이다. 상상의 방법은 다양하다. 자신이 석학들에게 수준 높은 질문을 던져 칭찬을 받는 모습이라든지 보다 교양 있고 좋은 친구들과 자신이 읽은 책에 대해 진지하게 토론하는 장면을 생각해본다. 그리고 그중 가장 자신의 이상에 맞는 장면을 미래희망일기장에 적어보는 것이다. '미래희망일기'는 《끌어당김의 법칙Law of Attraction》 혹은 《인력의 법칙》쯤으로 번역되는 잭 캔필드Jack Canfield 팀의 저서 중 하나에서 제시하는 소원성취 방법이다. 잭 캔필드는 《영혼을 위한 닭고기 수프Chicken Soup for the Single's Soul》 시리즈를 만든 사람이다. 그런데 이 '끌어당김의 법칙'에 대해 잭 캔필드보다 일찍이 간파하고 자녀들의 교육에 활용해서 썼던 사람들이 있다. 바로 우리 조상님들이시다.

해마다 설날 아침이면 어른들은 세배를 한다. 원래 아랫사람은 세배를 하면서 어른에게 당돌하게 "새해 복 많이 받으세요" 하는 게 아니었다. 아랫사람이 절을 하고 말씀을 기다리고 앉아 있으면 세뱃돈과 함께 "새해 복 많이 받아라" 하고 말하는 게 원래의 관례였다. 그리고 어른의 한 말씀을 기다리는 아랫사람들에게 세뱃돈을 건네주면서 그 아이의 평소 소망이나 어른들이 그 아이에게 기대하는 미래상으로 아이를 불러주었는데, 그것이 바로 덕담이다. 예를 들어 세배를 한 사람이 판사를 꿈꾸는 사법연수원생이라고 치면 어른은 세배를 받고 나서 넌지시 이렇게 말한다.

"너는 올해 판사가 되었다더구나!"

이렇게 소망을 이미 이룬 것처럼 말함으로써 격려를 함과 동시에 주술적인 효과도 노리는, 일거양득을 노리는 것이 바로 덕담의 실체다. 옛 풍습 하나하나마다 깃들어 있는 조상님들의 지혜와 선견지명을 깨닫고 놀라곤 한다.

그러나 우리에게는 이제 그 덕담을 해줄 사회의 큰 어른이 없다. 따라서 덕담의 미국 버전인 미래희망일기장을 써보자고 제안하는 것이다. 여기에는 자신이 공부해서 뭔가 성취하기를 바라는 미래의 날짜, 즉 독서를 끝내고 자신이 상상하던 장면을 성취할 것으로 계획한 날짜를 일기처럼 적어놓고 미리 그 시점의 미래일기를 써보는 것이다. 예를 들면 이렇다.

2013년 5월 5일

드디어 가타리ガタリ와 들뢰즈Gilles Deleuze의 공동저서 《천개의 고원Mille Plateaux》을 두 달 만에 독파했다. 그러자 내가 철학용어를 몰라 질문하면 대답해주곤 하던 선배 훈이 형이 책거리를 하자고 제의해 왔다. 형과 나는 생맥주를 한 잔 시켜놓고서 들뢰즈가 주창했던 탈주의 개념에 대해 이야기를 나누었다. 나는 형에게 질문을 퍼부어댔다. 그가 추구했던 노마드의 자유란 무정부주의자들의 체제 부정행위와 어떤 차이가 있는가? 자신이 안정된 민주사회에서 누릴 것은 다 누리고 살면서 그런 철학적 주장을 하는 것은 모순이 아닌가? 만일 그가 자신의 철학을 강의하는 강의실에서 내가 '탈주'라고 볼 수 있는 행위를 한다면 과연 그는 박수를 칠 것인가, 화를 낼 것인가. 그가 어떤 반응을 보일 것인가가 궁금하다. 내 질문을 듣고 훈이 형이 등을 두드려주며 말했다.

"너와 함께 들뢰즈의 사상에 대해 토론하게 되다니~! 네가 정말 대견하다."

나 자신이 생각해도 대견했다. 1천 페이지에 달하는 그 책을 세 번이나 정독할 수 있었다는 사실에 대해서…….

누군가에게 칭찬과 격려를 들으면서 훌쩍 자란 자신의 모습을 상상하는 것만으로도 기쁘지 않은가? 독서 후의 이런 모습을 상상하면서, 적어도 지성인이라면 꼭 읽어야 할 책들의 목록과 자신이 읽고 싶었던 책들로 목록을 작성한다. 그리고 이 책들 전부에게 말을 걸어라. "내가 너를 읽었을 때"로 시작하는 말들로. 그리고 그 책이 내 인생을 얼마나 풍요롭게 만들었는지도. 그렇게 해서 미래희망일기장에 자신의 미래 모습을 미리 각인시켜 보도록 하자. 이는 스스로 실험해본 결과 정말 놀랍게도 효과가 있었던 방법이다. 독자 여러분도 반드시 시도해볼 것을 권한다.

독서 공부
십계명

1 뜻을 알 때까지 계속 읽어라.

《삼국지三國志》〈위지魏志〉제13권에는 매일 손에서 책을 놓지 않았던 독서의 달인 동우의 이야기가 나온다. 동우董遇는 황문시랑黃門侍郞이라는 벼슬을 지낸 이로 후한 헌제의 글공부를 담당하던 스승이었다. 하지만 출세를 위해 누구의 비위를 맞추지도 않고 시류에 영합하지도 않았던 탓에 당시 승상이었던 조조曹操의 의심을 받게 되어 한직閒職으로 밀려났다. 〈위지〉의 기록에는 "동우는 가르치기를 즐겨하지 아니하며 말하기를, '반드시 마땅히 먼저 100번을 읽으라' 했고 '글을 100번 읽으면 뜻이 절로 나타난다讀書百遍義自見'고 말했다"고 기록되어 있다.

독서와 공부는 책과 당신과의 진검승부다. 피하지 않고 덤비면 뜻한 바를 이루게 될 것이다.

2 끝내지 못한 책은 미루지 말고 한권 한권 차례로 독파해 나가야 한다.

그러기 위해서는 그 책을 읽으려고 했던 이유를 상기하고 독서를 끈기로 계속해 나가야 한다. 독서는 뇌의 요가이기 때문이다. 그래도 너무 벅차다면? 과감하게 버려라. 버리는 방법은 당신 마음대로다. 휴지통에 넣거나 필요한 친구에게 주어버려라.

❸ 공부에 방해가 되는 요인들을 모두 제거하자.

중독성이 있고 쾌락을 주는 인터넷이나 게임기들을 모두 치워버릴 필요가 있다. 인터넷과 게임에는 마약과 같은 중독성이 있기 때문이다. 쾌락을 주는 것들은 견디기 힘든 장소에 비치하고 서가와 책상은 쾌적한 곳에 둔다.

❹ 학습계획 범위의 책 목록을 한눈에 파악할 수 있게 한다.

서가를 아름답게 꾸미고 1년이나 한 달 안에 읽기로 정한 책들과 공부 범위의 참고서들을 가장 손 닿기 쉽고 눈길이 자주 가는 곳에 비치해서 계획을 잊어버리거나 멀리하지 않도록 하자.

❺ 자신만의 기준으로 일목요연하게 책들을 정리해놓는다.

예를 들어 학습서는 과목별로, 교양서적은 분야별로 정리한다. 학습서는 학생이라면 당장 학교에서 필요로 하는 책이며 사회인이라면 자신의 능력개발을 위해 필요한 책이므로, 책상과 가까운 서가의 눈높이에 정리해놓는다.

❻ 시한을 정하라.

가까운 곳에 꽂은 책들은 그곳에 비치할 시한을 정한다. 예를 들어 어학 책은 일주일, 혹은 한 달 안에 독파한다는 식으로 계획을 세우고 실행 여부를 매일 체크하자.

❼ 서가는 장기 공부계획과 일치시킨다.

가까운 곳, 손에 닿는 곳에 독서계획 목록에 있는 책들로 정리해둔다. 그 책들 중에서 좋은 책을 오랜만에 만난 친척들과 함께 골라내 보자.

8 인생의 조감도를 그려라. 그리고 뒤돌아보지 마라.

책을 이것저것 뒤적이다 결국 하나도 읽지 않게 되는 것은 자신의 미래 희망이 분명치 않기 때문이다. 나중에 꿈이 바뀌더라도 일단 자신의 포부가 무엇인지 정리하고 마음이 가는 책들을 중심으로 관심 있게 읽어보도록 한다.

독서와 공부만이 아니라 어떤 일이든, 실패했을 때 어찌 될 것인가를 두려워하지 말고 일단 목표를 향해 나아가라. 성공한 자신의 위상을 그려보고 힘들 때는 잠시 성공 후의 일을 준비하는 것도 좌절을 극복하게 해주는 힘이 된다.

9 환유법이라고 불리는 연상법을 공부에 도입하면 오래 기억할 수 있다.

연상법을 이용해 단어나 지식을 통째로 외웠을 때는 힌트가 통째로 원 내용 안에 들어 있으므로 그것을 떠올리는 순간 책을 직접 읽는 것과 비슷한 효과를 준다. 이와 같이 외야 할 항목에 의미를 부여해 연상작용을 일으켜 기억나게 하는 방법을 학습에 연결시키면 큰 효과를 볼 수 있다.

10 말한 대로, 생각한 대로 된다. 꿈을 가지고 긍정하라.

자신의 이상에 맞는 인생의 한 장면을 미래희망일기장에 적어본다. 미래희망일기는 《끌어당김의 법칙》 혹은 《인력의 법칙》쯤으로 번역되는 잭 캔필드 팀의 저서 중 하나에서 제시하는 소원성취 방법이다. 우리 조상들은 이것을 덕담이라고 불렀다. 뭔가 성취하기를 바라는 미래의 날짜, 즉 독서를 끝내고 자신이 상상하던 장면을 성취할 것으로 계획한 날짜를 일기처럼 적어놓고 미리 그 시점의 미래 일기를 써본다.

IV

내 자신에게 상 주기

성과에 자부심을 가지고 잠시 쉬어 가라
포상으로 주어진 시간 동안만큼은
완전히 공부에서 해방되어 보자.
공부는 외로운 싸움인 만큼,
그동안 열심히 살아온 대가로 인센티브를
받을 때만큼은 외롭지 않을 권리가 있다.

상을 바라는 아이와
파블로프의 개 사이
보상에 길들게 하지 말자

어느 시대에나 젊은 엄마들을 위한 육아서의 인기는 시들지 않는다. 누구나 처음에는 초보 엄마가 되기 때문이다. 통계청이 발표한 '2007년 출산통계'에 따르면 2000년에 태어난 아이 63만7천 명 중에서 첫째 아이의 비율이 47.2퍼센트였으나, 2007년에 태어난 아이 49만7천 명 중의 첫째 아이 비율은 53.5퍼센트였다고 한다. 6포인트 이상 증가된 것이다. 그리고 해마다 총 출생한 아이 중 첫째 아이의 비율은 계속 높아지고 있다고 한다. 이는 같은 비율로 초보 엄마의 비율도 늘고 있는 의미다. 이런 결과에 대해 사회각층의 반응은 다양하다. 신생아나 어린이 관련 사업의 마케팅 담당자들은 외둥이를 위한 육아용품 개발에 박차를 가하고 있다.

이들을 위한 상품은 점점 고급화, 차별화 과정을 밟는다. 하나밖에 없는 아이를 위해 젊은 부모는 기꺼이 최고급품을 사들이는데, 그중에서도 어린이 교육을 위한 도서는 불티나게 팔린다고 한다.

대부분의 교육서는 아이들에게 공부를 강요하지 말고 동기유발을 시켜서 스스로 공부하게 하라는 내용이 주를 이룬다. 이런 이론에 따라 초보 엄마·아빠들은 아이들이 책을 잘 읽거나 글씨를 잘 쓰면 아이들이 원하는 물건을 사 주기도 하고 스스로 깜짝 선물을 준비하기도 한다. 하지만 한 아이를 키워내는 데 있어 가르쳐야 할 것들은 의외로 많다. 처음에는 기쁜 마음으로 상을 주지만 때로는 아이의 떼에 못 이겨 값비싼 장난감이나 책을 사 주게 된다. 문제는 아이들이 초등학교 고학년으로 진학을 하면서 시작된다. 점점 상을 위한 비용을 감당하기 어려워지기 때문이다. 게다가 요즘 학교에서 가장 두려운 것은 아이가 왕따를 당하거나 학원폭력의 대상이 되는 것인데, 언제나 아이들이 지닌 물건이 빌미가 되고 있다. 비폭력적인 아이들 사이의 고민 중 대부분은 왕따 문제다. 누구누구는 핸드폰이 없거나 스마트폰이 아니어서 왕따를 당하고 누구는 메이커 재킷이 없어서 왕따를 당한다. 때문에 아이들은 명품을 사 달라고 부모에게 조르고 심지어 숙제를 잘하는 대가로 이런 것들을 요구하기도 한다.

종로구에 사는 L군은 중학교에 갈 때까지 명품 신발을 신어본 기억이 없다. 어느 날 새 신발을 신고 학교 체육시간에 농구를 하게 되었다. 장신인 L군의 방어에 번번이 막힌 반 아이들은 L군을 둘러싸고는 "싸구려

니 더러워져도 아까울 것 없지 않느냐"면서 새로 산 신발을 마구 짓밟았
다. L군은 뭇발길에 밟혀 흙투성이가 된 신발을 신은 채 울면서 돌아와야
했다. 그후로 L군의 어머니는 L군에게 명품 신발만을 사서 신기고 있다.
동시에 카톡 수다에서 왕따 당할까 두려워 핸드폰도 스마트폰으로 바꿔
주었다.

　이런저런 이유로 아이들은 어떤 일을 하든 부모가 그 대신 무엇을 해
주는가에만 관심을 기울이게끔 되었다. 심지어 대학입시에서조차 부모
가 어떤 인센티브를 내거는가에 따라 공부를 열심히 하느냐 대충 하느냐
가 결정되는 경우도 있다. 강남의 한 음식점에서 열린, 상위 1퍼센트 성
적을 받아야 갈 수 있다는 모 특수목적 고등학교 어머니회에서는 이런
이야기도 있었다. 서울대학교에 입학하면 아버지가 고급 외제차를 사 준
다는 친구의 이야기를 들은 자신의 아이가 자기도 차를 사 달라고 하다
가 거절당하자 "에이, 씨! 공부 열심히 안 할래!" 하면서 놀더라는 것이
다. 이런저런 설득을 해도 아무런 효험이 없자 부모는 아이를 데리고 서
울대학교 체험 행사에 나섰다. 그 학교가 얼마나 넓고 학생들의 복지에
신경을 쓰며 좋은 친구들이 다니는 곳인지 침이 마르게 설명했지만, 아
이는 영 시큰둥한 표정으로 그래서 어쩌라는 거냐고 반문하더라는 것이
다. 그러다가 점심 시간이 되어 그 가족은 교수식당에서 밥을 먹게 되었
다. 아이는 돈가스를 먹었는데 건물마다 돌아다녀 배가 고팠던지 눈을
초롱초롱 빛내며 돈가스 맛이 환상이라고 했단다. 그 순간 임기응변에
능한 아이의 엄마가 대답했다.

"서울대학교에 오면 매일 이렇게 맛있는 돈가스를 먹을 수 있다니까!"

엄마의 말 한마디에 놀랍게도 아이는 그날부터 다시 열심히 공부를 했고, 결국 서울대학교에 합격했다는 것이다.

유머시리즈 같은 이 이야기는 불행하게도 실화다. 사실 캥거루족이 되어가는 젊은이들뿐만 아니라 사람은 누구나 정도 차이는 있어도 보상에 약하다. 보상의 크기에 따라 동기화가 유발되는 강도도 다르다. 그러나 청소년이 외부적 요인으로 보상을 받아 버릇하면 주위에 휘둘리고 좋은 보상이 주어지기를 기다리는 수동적인 인격을 지닌 사람으로 성장할 확률이 높다.

러시아 생리학자인 파블로프Ivan Petrovich Pavlov는 개를 대상으로 조건반사에 대해 실험을 했다. 맛있는 음식을 주기 전에는 반드시 종소리를 들려주었는데 일정 시간이 지나자 종소리만 들어도 개가 침을 흘렸다는 것이다. 아직 인체실험을 하지는 않았지만 동물인 사람도 비슷한 반응을 보일 것이라는 사실은 자명하다. 위와 같은 에피소드를 접할 때마다 현재 한국에서 자녀들을 대상으로 그 인체실험이 행해지는 것이 아닌가, 하는 자괴감이 들 때가 있다. 스스로 얻은 것이 아니면 쉽게 잃는 법이다. 우리는 자녀에게 인센티브를 제시하되 스스로의 능력으로 쟁취하도록 길들여야 한다. 외부에서 주어지는 보상이 적어 자신의 천재성을 나태함 속에 매몰시키거나, 물질문명의 노예가 되어 주어진 보상을 얻기 위해서만 자신의 두뇌를 개발하는 젊은이가 더 이상 양산되어서는 안 된다.

실무율과 역치
보상이 버릇되면 노력하지 않는다

정당한 보상은 꼭 필요하다. 그러나 자꾸 선물을 안기면 아이들은 선물에 무감각해진다. 간호학대사전에는 역치에 대해 '일반적으로 어떤 작용요인이 생체에서 반응을 일으킬 수 있는 최소의 한계. 그때 작용요인의 크기, 즉 작용요인의 유효한 최소치를 역치threshold value라고 한다'고 설명되어 있다. 그리고 '자극이 역치閾値를 초과하면 언제나 일정한 흥분이 일어나지만, 그 이하에서는 전혀 일어나지 않는다'는 실무율의 법칙을 정의한다. 실무율과 역치의 이러한 관계는 인간사회에서도 쉽게 확인할 수 있다.

초등학교에 갓 입학한 아이가 받아쓰기 시험에서 100점을 맞았다고 용돈을 1만 원 주었다고 치자. 그런데 다음에 100점을 받아 또 1만 원을 주었을 때는 아이가 별로 기뻐하지 않는다. 으레 100점을 받으면 당연히 돈을 받아야 한다고 생각하고 있는 것이다. 또 초등학생으로는 적지 않은 1만 원은 물질적 궁핍함을 느끼지 않게 해주었을 뿐만 아니라 돈 받으면 되었기 때문에 돈에 대한 절박한 마음도 없었던 것이다.

그 역의 예도 있다. 전국의 학생들이 매달 월말고사라는 시험을 보아 90점 이상 받은 학생에게 우수상장을 수여하던 시절의 이야기다. S씨는 공부를 잘했다. 그래서 매달 우수상을 탔다. 처음 스케치북 크기만 한 상장을 본 아버지는 잘했다면서 50원을 주었다. 그런데 다음 달에 또 받아오자 50원을 주기는 했지만, 이번에는 매우 아까워했다. 마치 상을 받아오는 게 당연한데 용돈을 주는 게 억울하다는 듯이. 불행(?)하게도 S씨는 6년간 매달 그 상장을 받았다. 그러던 6학년이 된 첫날 집에 돌아온 S씨는 처참한 광경을 목격해야 했다. 종이가 귀하던 그 시절 장판 초배지가 부족해지자 할머니가 S씨가 지금껏 받아 온 상장을 모두 방바닥에 초배지로 발라버렸던 것이다. 아무튼 S씨는 당시 여성이 갈 수 있는 대학으로서는 최고의 명문에 속하는 E대에 들어가 장학금을 받았지만, 서울대학교가 아니라는 이유로 이후로는 용돈을 받지 못했고, 결국 용돈을 벌기 위해 학생신분으로 돈을 벌 수 있는 일이라면 무엇이든 했다. 극단적으로 보일지도 모르지만 이런 예를 주변에서 얼마든지 찾아볼 수 있다.

현재 자율학습의 전도사로 불리고 있는 인기강사 중 한 사람 역시 어머니가 반에서 1등을 하라고 해서 1등을 했더니 다음에는 전교 1등을 하라고 했다고 한다. 그는 어머니의 뜻대로 전교 1등을 했다. 그러자 어머니가 서울 1등을, 급기야는 전국 1등을 하라고 요구했다고 한다. 그는 결국 전국에서 100등이 넘는 성적을 받았고, 어머니에게 미움을 받으면서 서울대학교에 다녔다고 회고했다. 이 기억이 너무 선명하고 불행해서 그는 자율학습 전도사로 나서게 되었다. 지금도 그는 강연에 참석한 학부모에게 학생들을 이러이러하게 가르치라고 하지 않는다. 대신 학생들이 어떻든 참견하지 말 것을 주문한다.

기본적으로 학비를 대주고 쾌적한 공부환경을 마련해주었다면 부모로서의 임무는 1차적으로 다한 셈이다. 그 외 자신이 스스로 만족하지 못하고 더 하려는 시점에 부모도움이 필요해 손을 내밀면 바로 잡아줄 필요는 있다. 그러나 공부계획을 짜주고 학원을 등록해주고 강제로 과외그룹에 나가도록 강요하는 과잉의무감에서는 가능한 한 빨리 벗어나실 것을 권한다. 자신이 해야 할 공부와 그 공부를 해서 얻는 과실은 자녀들이 온전히 스스로 책임져야 할 몫이다. 당연히 해야 할 일을 하는데 상을 줄 필요는 없다. 그 대신 아이가 독서와 공부를 자율적으로 할 수 있는 환경을 만들어주고 기다려주며 잘했을 때는 칭찬을, 결과가 실망스러웠을 때는 격려를 아끼지 말아야 한다.

스스로에게 상표를!
자신의 실적을 눈으로 확인하자

상은 물질화한 칭찬이다. 그리고 칭찬은 고래도 춤추게 한다. 그런데 그 상의 수여 주체가 누구인가에 따라 결과는 달라진다. 심지어 인류의 소망이라 할 노벨상도 본인이 수상 거부를 하면 줄 도리가 없는 것이다. 누구나 초등학교 시절 귀여운 돼지저금통이나 곰돌이 푸우, 강아지 혹은 고양이 모양으로 된 상표 동그라미가 다닥다닥 그려진 커다란 종이를 받아본 기억이 있을 것이다. 거기에 숙제를 해 가거나 인사를 잘하고 선행을 할 때마다 선생님은 상표를 주거나 '잘했어요' 스탬프를 빈 동그라미에 찍어주곤 했다. 우리 모두에게는 방학이 시작되기 전에 그 상표지를 담임선생님께 검사 받고 가득 채운 상표지 하나마다 선물을 받았던 행복한 기억이 있다. 상은 좋은 것이다. 특히 어린 시절 교실에서 제일 존경받는 어른에게 상을 받았던 기억은 어린이들에게 큰 자부심을 주고 살아 있는 동안 내내 새로운 것에 도전할 용기를 준다. 하지만 초등학교를 졸업하고 나면 그런 대우는 어디서도 더 이상 받을 수가 없다. 상은 여전히 존재하지만, 대부분 상을 주는 대회에 응모해서 분투한 대가로 받아내야 한다.

남들이 나를 알아주지 않더라도 자기 자신만은 자신을 믿어주어야 한다. 따라서 우리는 유치한 듯하지만 이 행복한 기억을 되살릴 필요가 있다. 요즘 대형 슈퍼마켓이나 학교 앞 문방구에 가면 예쁜 스티커들이 즐비하다. 그중에서 적당한 크기의 스티커를 구입한다. 그리고 자신의 롤모델을 프린트해 벽에 붙인다. 모델은 아인슈타인Albert Einstein이어도 좋고, 카프카Franz Kafka나 움베르토 에코Umberto Eco 같은 문학의 거장이어도 상관없다. 거기에 자신이 1년 목표로 한 작품의 숫자만큼의 동그라미를 그린 다음 책을 한 권 끝낼 때마다 동그라미 안에 스티커를 붙인다. 토플처럼 두껍고 일독하는 데 시간이 많이 투자되는 책이라면 한꺼번에 열 장을 붙여도 좋다. 이렇게 자신의 실적을 시각화하여 늘 눈으로 확인하고, 일정한 시간이 지나면 스스로에게 상을 주고 박수를 쳐주도록 한다. 홀로 벌이는 자신과의 싸움이 조금 더 즐거운 도전으로 바뀌는 것을 실감하게 될 것이다.

열심히 공부한 당신, 잠시 놀고먹어라!
휴식은 나를 위한 포상이다

이제 당신은 미래를 위해서 모든 유혹을 물리친 채 수고로움을 마다하지 않았던 자신을 위해 인센티브를 지불할 시점에 가까워졌다. 경제력이나 제반 여건이 혼자서 인센티브를 지불하기에 벅차다는 생각이 든다면 처음 공부계획을 세울 때 누군가와 내기를 하거나 스폰서를 찾아내 빅딜거래을 하는 방법도 있다. 이런 방법은 공부에 동기를 유발하며 계획에 대한 강한 추진력으로 작용한다. 아무래도 자녀의 계획을 기꺼이 실현시켜줄 만만한 후원자는 부모일 것이다. 하지만 새끼 캥거루 처지로부터 빨리 탈피해 독립적인 인간으로 홀로 서기 위해 시작한 여정이니만치 친구들과 함께 스터디그룹이나 계를 조직하는 것도 생각해볼 만한 대안이다.

학기 초나 방학이 시작됐을 때 친구들과 스터디그룹에서 한 발 더 나아간 공부 동아리를 조직해보도록 한다. 각자 정한 목표를 발표하고 가장 먼저 그 목표를 달성해 상표지를 채운 회원에게 간단한 검증을 거친 다음 도서상품권을 낙찰 받도록 규칙을 정한다. 이렇게 선의의 경쟁을 하며 차례대로 인센티브를 받는다. 그런데 연말이 되었는데도 한 번도 상을 받지 못한 회원들이 생길 수도 있다. 이들에게는 위로 파티를 열어주자. 더욱 분발해서 다음에는 첫 번 포상 대상으로 낙점 받으라는 덕담과 함께.

한 마디 조언을 하자면 우리를 옥죄는 공부에서 해방되어 가는 여행일지라도 그 궤적은 자신이 작성한 삶의 지도 안에 존재해야 한다는 것이다. 상은 반드시 올바른 방법으로 주어져야 할 것이다. '미풍양속'이나 '19금'을 어기는 포상은 피하도록 하자.

포상으로 주어진 시간 동안만큼은 완전히 공부에서 해방되어 종일 영화를 보고 놀이공원에 가며 맛있는 음식을 마음껏 먹으면서 다시 공부할 에너지를 충전하자. 어차피 공부가 자신과의 외로운 싸움이라 할지라도 우리가 그동안 열심히 살아온 대가로 인센티브를 받을 때만큼은 외롭지 않을 권리가 있다. 2박 3일이든 3박 4일이든 여행을 떠나도 좋다. 이제껏 선의의 경쟁을 벌여온 스터디그룹과 함께 하면 어떨까.

어떤 종류의 여행이든 전 여정을 혼자 소화하기에 우리는 너무 고독하고 나약한 존재들이다. 자신과 처지가 같은 동반자를 만들면 여행은 보다 아름다운 추억으로 남을 수 있다. 여행지가 당신이 학습목표로 정했던 지리서나 역사서에서 설명한 장소 중 한 곳이면 더욱 좋다. 여러분은 스스로도 느끼지 못하는 사이에 온몸으로 살아 있는 지식을 흡수하게 될 것이다.

학생수독오거서
학생이라면 책장 다섯 개분의 책을 읽자

남아수독오거서男兒須讀五車書라는 고사성어가 있다. '남자는 모름지기 다섯 수레의 책을 읽어야 한다'는 의미다. 예전에 책과 지식이 남성들의 전유물로 인식되던 시절에 나온 경구다. 남녀가 동일한 일을 하는 요즘 이 말은 누구에게나 적용된다. 학생들, 특히 수험생들이 귀 기울여야 할 말이다.

수레를 방에 놓을 수는 없으니 책장 다섯 개를 자신이 읽은 책으로 가득 채우자. 책장이 클 필요는 없다. 아담할수록 성취감은 더 커진다. 이는 서가를 가득 메운 그 책들을 읽어낸, 그 공부를 해낸 자기 자신에게 자신이 확보한 지적영역을 확인시켜 주는 작업이다. 그런 다음 "이 공부를 한 후에 난 얼마 동안 무엇을 할 것"이라고 선언한다. 이때 부모의 역할은 자녀가 무엇을 이룰 때마다 상을 주어서 파블로프의 개가 되도록 하는 것이 아니고, 자녀가 자기 자신에게 상을 줄 때 그 이벤트를 후원하고 축하해주거나 자녀를 지켜보다가 박수를 쳐주는 것이다.

우리가 책을 가까이하는 것은 사실 편하게 살기 위한 필요에서 나왔다. 당장 눈앞에 닥친 문제를 해결해줄 도구가 바로 앞에 있다면 꾀바른 우리 뇌는 지식을 애써 기억하는 것을 낭비라 여기고 대뇌피질에 아무것도 저장하지 않으려 든다. 하지만 실질적으로 모든 순간에 인터넷 백과사전이나 참고문헌, 논문이 눈앞에 비치되어 있는 것은 아니다. 가장 가까운 곳에서 필요한 것을 바로 찾아 쓸 수 있는 장치는 우리 몸에 내장된 대뇌뿐이다. 따라서 많은 정보가 선명하게 남아 있다면 우리 뇌보다 더 편리한 것은 없다. 문제는 뇌에 많은 정보를 넣어야 할 필요가 생겼다는 점이다. 이런 필요가 지식을 만들어냈고 공부열풍을 양산하게 부추겼던 것이다. 지식을 쌓는 일은 우리가 생존하기 위해 필요한 도구를 가장 효율적으로 우리 몸 가까이 비치하는 행위다. 필요는 발명의 어머니이기 때문이다.

이른바 대한민국에서 최고 명문대학교라고 하는 곳에서 장학금을 받고 다녔던 영어박사 C씨는 결혼해 아이 엄마가 되었다. 아이는 영재의 모든 특징을 다 가지고 태어났다. C씨는 아이가 어느 정도 클 때까지 자녀교육에 올인 하기로 하고 어렵게 얻은 직장에 사표를 냈다. 자나 깨나 앉으나 서나 C씨의 곁에는 아이가 있었다. 아이는 엄마에게 모든 것을 물었다. 엄마는 영재교육을 한답시고 설거지를 하던 중이나 길을 가는 중에도 아이가 질문을 하면 자세하게 백과사전적으로 설명해주곤 했다. C씨의 아들은 걸어 다니는 백과사전인 엄마 덕에 영어공부를 할 때도 사전 대신 엄마에게 물었고, 숙제도 엄마에게 물음으로써 그때그때 해결하곤 했다.

그렇게 성장한 C씨의 아들은 하루는 엄마에게서 스스로 공부하라는 꾸중을 듣고 혼자 힘으로 숙제를 하기 위해 책상에 앉았다. 하지만 그동안 책을 멀리한 탓에 글씨를 읽기가 쉽지 않았다. 결국 20년이 흐른 지금 C씨의 아들은 외국인을 만나면 보디랭귀지를 더 많이 쓰는 영어 못하는 대학생이 되어 있다.

더 나쁜 것은 열등감이 그의 대학생활을 갉아먹고 있다는 것이다. 엄마는 백과사전이 되어서는 곤란하다. 척척박사인 엄마에게 묻다 보면 아이는 C씨의 아들처럼 교과서조차 옛날이야기를 듣듯 귀로 들어야 이해를 하는 문맹이 될 수도 있다.

반면 Y씨의 엄마는 응시한 대학마다 낙방하는 바람에 야간대학 영문과 겨우 나왔다. 그러다 보니 가전제품 매뉴얼조자 읽지 못해 쩔쩔매곤 했다. 그것을 본 Y씨는 안타까운 마음에 영어사전을 동원하고 학원 선생님에게 물어물어 엄마를 도왔다. 궁금한 것이 있으면 책을 통해 답을 구했다. 또 Y씨는 길 가다 지도를 보면서 쩔쩔매는 외국인들이 있으면 다가가 무조건 돕고자 했다. 그러다 보니 지금 Y씨는 자유자재로 외국인과 대화할 수 있을 정도의 영어실력을 갖고 있다.

백과사전이 곁에 있다고 해서 지식이 내 것이 되는 것은 아니다. 물어서 그때그때 얻는 해답으로는 마음의 양식을 채울 수 없다. 스스로 찾고 터득할 때 비로소 내 것이 된다. 세상은 복잡하고, 알아야 할 것은 많다. 그만큼 100년 가까이 되는 사람의 한 평생에 책장 다섯 개분의 책이 대수겠는가.

성과에 대한 보상 수칙 십계명

▮ 자녀를 보상에 길들게 하지 마라.

자녀가 공부하는 것을 매번 보상하거나 보상 조건을 내걸어 공부를 시키면 자녀는 그것이 자신의 인생을 위한 밑거름이기보다 부모를 위해 희생하는 것이라고 착각한다. 그리고 실무율과 역치의 법칙이 작동해 점점 더 많은 보상을 해주기 전까지 아무것도 안 하려 들 것이다.

❷ 자녀 스스로 동기유발을 하게 하라.

자녀에게 인센티브를 제시하되 스스로의 능력으로 쟁취하도록 길들여야 한다.

❸ 자녀를 파블로프의 개가 되지 않도록 하라.

외부에서 주어지는 보상에 길들여지면 보상 없이 스스로는 아무런 시도도 하지 않는다. 역으로 커다란 보상이 주어지면 해서는 안 되는 일도 당연히 하는 사람으로 클 수 있다.

❹ 답답해도 참견하고 도와주지 마라.

공부를 성실히 하거나 게을리해서 얻는 이익과 불이익은 자녀들이 온전히 스스로 책임져야 할 몫이다. 당연히 해야 할 일을 하는데 상을 줄 필요는 없다.

⑤ 칭찬은 고래도 춤추게 하고 열등생도 우등생이 되게 한다.

요즘 엄마들을 매사에 참견을 하고, 대신 계획을 세워주고, 심지어 학원을 오가는 데 자가용 셔틀을 자처한다. 그러나 오가는 시간을 절약하는 계획을 세우는 것도 생의 전략이다. 또 그것을 헤쳐 나감으로써 자신의 삶에 책임을 지는 성인으로 성장한다. 참견 대신 잘했을 때는 칭찬을, 결과가 실망스러웠을 때는 격려를 아끼지 말기를 바란다.

⑥ 공부는 정신능력의 성장으로 보답한다. 결과를 자축하고 스스로에게 상을 주자.

상은 물질화한 칭찬이다. 자신이 이룩한 실적을 시각화하여 눈으로 확인하고 약속한 시간이 지나면 스스로에게 상을 주고 박수를 치도록 해보라. 홀로 벌이는 자신과의 싸움이 조금 더 즐거운 도전으로 바뀌는 것을 알게 한다.

⑦ 열심히 공부한 당신, 놀아라!

계획 기간 안에 목표를 달성했다면 모든 유혹을 물리친 채 미래를 위해서 수고로움을 마다하지 않았던 자신을 위해 인센티브를 지불하자. 학기 초나 방학이 시작됐을 때 친구들과 스터디그룹에서 한 발 더 나아간 공부 동아리를 조직해 보도록 한다. 그리고 이들과의 여행을 계획한다. 이때 주의해야 할 점은 우리를 옥죄는 공부에서 해방되어 가는 여행일지라도 그 궤적은 자신이 작성한 삶의 지도 안에 존재해야 한다는 것이다. 상은 반드시 올바른 방법으로 주어져야 할 것이다. '미풍양속'이나 '19금'을 어기는 포상은 피하도록 하자.

⑧ 학생은 모름지기 책장 다섯 개에 가득한 책을 읽어야 한다.

그만큼의 책을 읽고 나면 당신은 지성인의 반열에 속하게 되는 보상을 받을 수 있다. 책장 다섯 개를 자신이 읽은 책으로 가득 채우자. 이는 서가를 가득 채운 책들을 읽어냄으로써 확보한 지적영역을 확인시켜 줄 것이다.

9 자녀의 백과사전이 되지 마라.

자녀를 돕고 싶은 마음을 꿋꿋이 참으면 당신은 세상을 꿋꿋이 헤쳐 나가는 자녀를 보상으로 얻게 된다. 필요는 발명의 어머니이며 절박한 상황은 실력을 쌓는 기회를 선물한다. 자녀가 해답이 궁금해서 스스로 찾아보도록 유도하라.

10 책장 다섯이 가득 찰 때까지 목표로 한 도서 목록에서 읽은 책을 지워나간다.

그 결과 당신은 어느 유명인의 서재가 아닌 당신 고유명의 서재를 보상으로 받게 된다.

V

나를 발전시키는 행복한 독서

책 속에 미래로의 길이 있다
독서는 입시나 고시패스,
승진을 위해 의례로 치러야 하는
괴로운 여정이 아니다.
삶의 활기와 신명, 그리고
꿈을 되살리게 해주는 통로다.

학이시습지 불역열호아?
독서도 온몸과 마음의 신명으로 하자

봉산탈춤에는 불림이라는 기본동작이 있다. 불림은 탈춤을 추기 시작하면서 가장 먼저 취하는 동작이다. 양손을 45도 각도로 위로 올려 뻗은 후 무릎을 굽혀 내리면서 숫자 3을 거꾸로 그리는 듯한 동작을 반복하는 것이다. 이때 악사에게 장단을 청하면서 질러내는 소리도 '불림'이라고 하는데, 3자를 온전히 두 번 반복하는 것을 온불림이라고 한다.

"낙양동천 이화정!"

봉산탈춤의 온불림으로서 가장 잘 알려진 이 소리가 들리면 고수가 '덩 덕기 덕기' 하는 듯한 음과 박으로 북을 치기 시작하고, 각종 탈을 쓴 춤꾼들은 꽃밭을 발견하고 8자 춤을 추는 꿀벌들처럼 북의 각 박에 맞춰 양쪽 소매 끝에 감은 천을 휘감아 하늘로 번갈아 올린다. 그리고 북소리가 위에서 소개한 박의 '덕기' 하는 소리를 끝내는 순간을 포착해 공중으로 펄쩍 뛰어오르며 "얼쑤!" 하고 외친다. 구경꾼들이 함께 추임새를 넣는 것은 물론이다. 보는 사람도 추는 사람도 어찌나 신명이 올랐는지 무아지경에 빠진 듯도 해 보인다.

사실 기마자세처럼 몸을 낮추고 있다가 펄쩍 뛰어오르는 동작은 쉬워 보여도 어지간한 내공이 없이는 절대로 따라 하지 못할 만큼 어려운 동작이다. 그런데도 그들은 구경하는 사람조차 신명이 나 어깨를 들썩이지 않을 수 없을 정도로 과장이 계속되는 그 오랜 시간 동안 덩실덩실 잘도 춘다. 공기를 들이마시듯이 자연스럽고 편안해 보인다. 그런데 탈춤이 끝나면 반전이 기다린다. 춤꾼들이 모자 쓰듯이 탈을 정수리 쪽으로 올리고 함박웃음을 지으며 관객들에게 인사하는 순간 관객들은 놀라게 된다. 그들의 얼굴은 땀의 폭포가 흐른다고 할 정도로 흠뻑 젖어 있고, 숨소리는 공짜로 본 게 민망할 정도로 가쁘고 거칠기 때문이다. 미친 듯이 박수를 쳐주는 것 외에는 보답할 길이 없다.

춤판이 끝나면 막걸리 한 잔을 권하면서 묻는다. 힘들지 않은가, 하고. 누군가 대답한다.

"힘들죠. 하지만 신명 나서 춤을 추는 동안에는 탈이 절로 춤을 추는지, 내가 춤을 추는지 느끼지 못할 정도로 몰입하게 됩니다. 끝나고 관객에게 인사드릴 때 비로소 온몸이 젖어 있다는 걸 느끼곤 합니다. 특히 관객 호응이 좋은 날은 힘든 거 몰라요."

"야유를 하는 사람도 있나요?"

그는 웃는다.

"그렇죠. 그런 사람 만나면 정말 힘겨워서 탈 벗고 어디 가서 드러눕고 싶어요."

"그럴 땐 어떻게 하세요?"

"캐릭터를 생각합니다. 제가 말뚝이라면 이때 어떻게 했겠는가……."

"어떻게 했을까요?"

그는 정수리 쪽으로 올려 모자처럼 쓰고 있던 탈을 내리더니 자리에서 일어서서 한쪽 뒤꿈치는 땅에 붙이고 다른 쪽 뒤꿈치는 약간 쳐들어 앞으로 한 발짝 뻗었다. 소위 짝다리를 하고 서 있는 형상이다. 그는 삿대질하듯이 가상의 관객들에게 팔을 뻗으며 외쳤다.

"쉬~! 여기 양반들 나오셨다아~! 노론, 소론, 호조, 옥당을 다 지내고 삼정승, 육판서를 다 지낸 퇴로재상으로 계신 양반인 줄 알았더니 그게 아닌가 보구려! 개잘량이라는 양자에 개다리소반이라는 반자 쓰시는 양반들이 나오셨구려! 위선이라 한들 조선 양반네들이야 비 와도 급하지 않은 척 팔자걸음 하고 싶어도 안 싫은 척 미소를 짓는 법인데, 쉬이~! 개다리소반 반자 양반네들! 싫으면 입이라도 다물어야 양반놀음이라오!"

고수가 "옳거니~!" 하면서 의자에 앉은 채로 '덩덕기 덕기' 하며 북을 친다.

말뚝이역을 맡은 춤꾼의 의연한 대처를 보면서 독서나 공부란 마치 이 탈춤 한판과 같다는 생각을 한다.

자신과의 고독한 싸움인 공부를 하는 과정에 때로는 주위 사람들과 크고 작은 충돌이 생기기도 한다. 성적이 급격하게 오르거나 떨어질 때 느껴지는 친구들의 묘한 시선 변화, 문학연구가 시급하다는 생각에 소설책을 읽고 있는데 "비문학은 어쩔 거냐, 영어공부 해라", "수학공부 해라" 하는 어머니에 대한 짜증, 열심히 공부했음에도 불구하고 결과가 그에 미치지 못해 선생님이나 부모님께 한 소리 듣는 데서 오는 스트레스 등등……. 삶을 헤쳐 나가다 보면 내 뜻이 의외의 벽에 부딪치기도 하고 왜곡되기도 한다. 그럴 때마다 못 해 먹겠다고 판을 깨버리면 결과는 참담하다. 봉산탈춤에서 극의 본질을 쥐락펴락하는 말뚝이가 구경꾼들이 야유한다고 탈을 벗어던지고 퇴장하는 꼴이다.

남들이 박수를 치건 야유를 하건 춤꾼들은 묵묵히 자기 역을 수행한다. 때로는 임기응변으로 애교 섞인 항의를 대사 중에 삽입해보기도 하지만, 기본적으로 그들은 그 거대한 춤판에는 자신만이 아니라 양반도, 중도, 미얄할멈과 덜머리집도 있다는 사실, 그리고 야유의 소리가 들려온 구경꾼 무리에는 자신에게 박수를 쳤던 사람도 함께 있다는 사실을 잘 알고 있다.

춤판은 시작되었을 때 우리는 자신의 역할에 충실하기로 무언의 약속을 한 것이다. 유머와 해학은 이런 위기에 도드라진다. 누가 뭐라 하건 자신의 길이 정해졌다면 갈등을 해학으로 풀고 다시 한 번 고수가 두드리는 북소리에 맞춰 덩실덩실 한바탕 신나게 놀아보는 거다. 신명나서 하는 일은 누구도 말릴 수 없다. 몸과 마음과 꿈이 삼위일체가 되어 내 모든 삶을 그쪽으로 끌어당기기 때문이다.

세상사람 모두가 몰라주더라도 그동안 독서를 하면서 내 방으로 불러들였던, 우주에 가득 찬 긍정의 기氣는 알고 있다. 일찍이 독서가 주는 신명을 체험하게 해주었던 그 우주의 기운은 나를 버리지 않는다. 나는 우주와 합일해 자신이 타고난 끼를 마음껏 발산하려고 했던 것이니만큼 박수에 대한 미련은 접고 다시 한 번 이렇게 외치는 거다.

"학이시습지 불역열호學而時習之 不亦說乎아?배우고 이를 익히면 기쁘지 아니한가?"

누군가 나를 짓밟으려고 한다면 눈을 지그시 감고 '덩실덩실' 독서와 공부의 신명을 불러내자. 인내의 기마자세로 서서 두 팔을 들어 올리고 큰 소리로 외치는 거다.

"낙양동천 이화정~!"

그리고 관객이 야유를 하거나 말거나 그동안 피나게 익힌 춤사위를 계속하자. 그러면 여러분의 귓가에 자신만이 체험해본 그 신명이 되살아날 것이다.

"덩덕기 덕기 얼쑤~!"

책을 열심히 읽으면
화가도 될 수 있다
독서는 재능을 개발할 기회를 준다

　주부 S씨는 초등학교 1학년 아들을 두었다. 아들네 학교에서 어머니회 엄마들이 매주 돌아가면서 일일교사를 하기로 했는데, S씨의 차례가 되었다. 아이들과 함께 어떤 것을 하면 신나게 시간을 보낼 수 있을까, 고민하면서 이리저리 전화를 돌렸다. S씨보다 먼저 일일교사를 한 엄마들이 색종이 접기서부터 붓글씨, 노래 부르기, 구연동화까지 안 한 게 없었다. 그래서 도서관과 인터넷을 뒤지다가 신화 속 동물들 이야기를 해주면 어떨까 하는 생각이 미쳤고, 그길로 도서관에 가서 《산해경山海經》이라는 책을 빌렸다. 《산해경》의 내용 자체는 그리 재미있지 않았다. 동해로 몇 리가면 무슨 동물이 있는데 그 동물은 어떠어떠하다는 이야기들이 들어차 있었다. 그중 몇몇은 누군가에게 들었거나 다른 책에서 읽어 이미 알고 있는 동물들이었다. S씨는 빌린 책을 반납하던 날 《산해경》이 있던 서가에서 보았던 민화 관련 책을 호기심에 몇 권 빌렸다.

그 책은 어릴 적 장롱이나 족자에 들어차 있던 그림들로 가득했다. 조선민화에 얽힌 이야기와 그림 기법을 우리 역사와 연결 지어 해설해놓은 책이었다. 눈이 번쩍 뜨였다. 우스꽝스럽게 생긴 호랑이 앞에서 고개를 조아리는 듯이 몸을 숙이고 솔가지에 앉아 있는 까치가 산신령의 메시지를 전하는 중이라고 했다. 처음에는 픽 웃었다. 그냥 귀여워서였다. 그런데 자세히 보니 민화는 그림에 서툰 서민들이 아무렇게나 그려 넣은 그림이 아니었다. 숨겨진 뜻이 심오하고 우리 역사와 얼을 그대로 간직하고 있는 영물이었던 것이다. 반닫이에서 서랍을 열 때마다 조롱조롱 흔들리던 박쥐 도안의 손잡이는 복과 발음이 비슷한 박쥐를 달아 그것을 간직한 집안에 복이 오라고 비는 뜻이 있다고 했다.

S씨는 이거다 싶었다. 내친 김에 도서관에 꽂혀 있는 민화와 관련된 모든 책을 빌려다 읽었다. 그러는 중에 우리 고대사에 대해서 알고 싶은 마음이 싹텄다. 주부인 S씨는 살림을 하는 이외의 시간에는 우리 고대역사와 관련된 책을 한권 두권 읽기 시작했다. 더 이상 동네 도서관에서 빌릴 책이 없게 되자 자신이 사는 지역구를 넘어 다른 곳으로 영역을 넓혀갔다. Y구의 시립도서관에서 새로 발견한 역사책을 읽으면서는 중국의 역사왜곡이 무엇이 문제인지를 깨닫게 되었다. 그러던 어느 날 그녀는 우연히 광고를 보게 되었다. 도서관에서 하는 민화강좌에 대한 광고였다.

기회다 싶었다. 그때부터 민화를 그리기 시작한 S씨는 자신의 집 거실 벽을 스스로 그린 민화작품으로 인테리어를 해놓았고, 동인들과 함께 민화 전시회에도 여러 번 참여했다. S씨는 거기에 머물지 않고 고대사에 대한 나름의 연구로 지금은 책을 쓰는 저술가가 되어 있다. 우연히 접한 책 덕분에 민화를 알게 되었고 민화 이론을 공부하다가 아마추어 민화가로 활동하게 되었으며, 민화 그리게 된 것을 계기로 우리 고대사까지 연구하게 된 것이다. 책이 독자를 화가의 길로 인도한 좋은 예다.

이렇게 독서는 입시나 승진, 고시패스를 위해 입사의례를 치러야 하는 괴로운 여정이 아니라 삶의 활기와 신명을 되살리게 해주는 통로로서의 역할을 한다.

사랑도 못 하는
잔인한 현실 타개하기
책에서 연인을 찾아라

우리는 춘향이나 로미오와 동갑이었던 열여섯에 무엇을 했던가? 고등학교에 진학해서 성적을 올릴 터닝포인트를 마련하기 위해 학원에서 화사한 낮을 보내고 서정이 깃든 밤 시간을 미친 듯 공부하며 보냈다. 정말 그래도 되는 것일까?

젊음은 다시 오지 않는다. 성춘향이나 이몽룡이처럼 평생을 함께 할 반려를 찾아 즐겨야 하는 것은 아닐까? 우리에게 〈청춘가〉가 있듯이 서양에는 〈가우데아무스 이지투르〉가 있다. 이 두 노래는 내용이 같은 것처럼 느껴지면서도 근본적으로 다른 무엇인가가 있다.

가우데아무스 이지투르Gaudeamus Igitur

그러므로 우리 모두 즐거워하자

우리가 아직 젊을 때에

그러므로 우리 모두 즐거워하자

우리가 아직 젊을 때에

우리의 유쾌한 젊음이 지나가고

힘든 노년이 지난 후에는

우리는 흙에 묻히리니

우리는 흙에 묻히리니

Gaudeamus igitur

juvenes dum sumus

Gaudeamus igitur

juvenes dum sumus

post jucundam juventutem

post molestam senectutem

nos habebit humus

nos habebit humus

* 중세 대학의 축제 때 불린 유럽의 오래된 노래,
영화 〈황태자의 첫사랑The Student Prince〉에 나와 유명해졌다.

청춘가青春歌

청춘 홍안을 네 자랑 말아라

덧없는 세월에 백발이 되노라

무정세월아 가지를 말아라

장안의 호걸이 다 늙어가누나

세월이 가기는 흐르는 물 같고

사람이 늙기는 바람결 같구나

천금을 주어도 세월은 못 사네

못 사는 세월을 허송을 말아라

태평가太平歌

청사초롱에 불 밝혀라

잊었던 낭군이 다시 온다

공수래공수거 하니

아니 노지는 못 하리라

니나노 닐니리야 닐니리야 니나노

　젊음을 낭비하지 말고 시간을 아끼라는 같은 내용을 강조함에도 불구하고 〈청춘가〉가 허무하게 느껴지는 반면 〈가우데아무스 이지투르〉로 알려진 대학생찬가는 보다 쾌락적으로 느껴진다. 말하자면 〈청춘가〉는 늙음을 슬퍼하는 것처럼 느껴지고, 〈가우데아무스 이지투르〉는 아직 늙지 않음을 기뻐하는 것처럼 보인다는 것이다. 허무주의가 귀착하는 곳은 쾌락이다. 다음에 오는 〈태평가〉는 앞으로 늙을 것이므로 젊을 때 즐기자고 한다. 그렇다면 〈가우데아무스 이지투르〉와 추구하는 바는 똑같지 않을까?

사실 〈청춘가〉의 '청춘 홍안을 네 자랑 말아라' 하는 가사 앞에는 '이팔은 청춘에 소년 몸 되어서 문명의 학문을 닦아를 봅시다'라는 가사가 있다. 짧은 시간을 헛되이 보내지 말고 학문연마에 힘쓰라는 것이다. 곧 늙어갈 것이므로……. 이어지는 가사는 이른바 '공수래공수거空手來空手去', 즉 빈손으로 왔다가 빈손으로 간다는 공空사상이다. 맨 처음 나온 노랫말을 생략하니 공사상만 강조되어 말하고자 하는 내용이 더욱더 허무하게 다가왔던 것이다.

학문을 닦으라는 동서양의 노래가 가사의 배열과 묘사의 차이에 의해 완전히 다른 교훈을 말하는 것처럼 느껴진다. 다음에 적은 〈가우데아무스 이지투르〉의 마지막 연聯 가사 역시 학문에 힘쓰라는 것인데 이 가사가 주는 느낌은 다음과 같이 매우 희망적이다.

대학이여 영원하라

교수들이여 영원하라

학생이여 영원하라

모든 학생들이여 영원하라

그들이 언제나 한창이기를

vivat academia

vavant professores

vavat membrum quodlibet

vivant membra quaelibet

semper sint in flore

　반전이다. 늙음을 한탄하는 〈청춘가〉의 단계를 지나 〈가우데아무스 이지투르〉는 죽어 흙에 묻히는 것까지를 노래했는데도 마지막 연의 축제 분위기로 인해 오히려 희망적으로 느껴진다. 이런 느낌의 차이는 어디서 오는 것일까? 단순히 표현의 배열순서가 바뀌어서일까? 아니다. 이런 결과는 관점의 차이에서 초래된 것이다. 〈청춘가〉가 늙어 스러질 우리 육체에 초점을 맞췄다면 〈가우데아무스 이지투르〉는 흙 속에 묻혀도 영원히 남을 정신적인 청춘을 찬미하는 데 맞춰져 있다. 그러므로 노쇠와 죽음을 선고받은 우리라고 하더라도 육체가 젊을 때만큼은 유쾌하고 즐거워할 수 있는 것이다.

　학문 닦는 것을 살아 있는 동안 일신에 영화를 주기 위해 했다면 그것 역시 우리 육체가 늙어 스러짐에 따라 스러질 허무한 것임에 틀림없다. 죽어 묻힐 학문을 닦느라 아까운 청춘을 낭비할 필요가 없는 것이다. 그러나 우리가 닦을 학문은 누군가가 생전에 기초를 닦아놓은 것이며 우린 그 위에 섰으므로 더 높은 곳을 바라볼 수 있었다. 따라서 우리가 살아 있는 동안 성실하게 이루어놓은 것들은 우리가 이곳을 떠나더라도 사라지지 않고 옛사람들이 닦은 터전에 높이를 더해 영원히 후손에게 대물림될 것이다. 이런 관점에서 보자면 책을 읽고 공부하는 것은 결코 허무한 일이 아니며. 따라서 우리 삶이 짧다고 해서 쾌락에 빠져서는 안 된다는 것을 역설한다.

어쨌든 한 가지 공통되는 교훈은 젊을 때 학문을 닦는 데 힘쓰라는 것이다. 서로를 모르고 살아온 세월이 갈라놓았던 동서양의 조상들이 모두 같은 결론을 내렸다면 그것은 어느 정도 진리에 가까운 것이 아닐까.

한창 예민한 사춘기에 이성이 주는 매력은 독약과 같다. 청춘에 갈구하는 이성에 대한 사랑이 얼마나 치명적인 것인지는 몇몇 불후의 명작이 된 영화를 통해 간접 체험할 수 있다. 〈초원의 빛Splendor in The Grass〉은 나탈리 우드와 워렌 비티가 주인공으로 열연했던 청소년 문제를 다룬 영화다. 물론 이 작품이 출시된 시점은 1961년이라 옛날이라고 볼 수도 있지만, 대입을 앞둔 틴에이저들의 고민이라는 점에서는 아직도 신선하게 다가오는 점이 많다.

예일대학교에 진학한 엘리트 청년 버드가 청소년기의 혈기를 다스리지 못하고 어떻게 몰락해갔는가, 또 그를 사랑하던 윌마는 정신적인 충격을 받고 병원에 입원까지 했지만 그 시기를 잘 극복해서 어떻게 성공적인 삶으로 돌아오게 되었는가……. 훗날 두 사람은 우연히 만나 서로를 사랑하고 있다는 것을 깨닫게 되지만 이미 그들 사이에는 넘지 못할 간극이 가로놓이게 된다. 사랑하는 윌마와 헤어진 후 집이 파산하고 누나의 죽음까지 겪은 버드는 예일대에 입학은 했지만 자제력을 잃고 술로 아픔을 달래다 구내매점의 직원과 연애함으로써 위로를 받는다. 결국 수재였던 그는 노무자의 삶을 살게 된다. 반면 월마는 정신병원에 입원하기도 했지만 그 위기를 잘 극복하고 엘리트인 의사와 약혼함으로써 교양 있는 중산층에 무사히 편입된다.

T. 드라이저Theodore Dreyser의 《아메리카의 비극An American Tragedy》이 영화화된 〈젊은이의 양지A Place in the Sun〉나 〈웨스트사이드 스토리West Side Story〉 등과 같은 영화들도 학생들에게는 반면교사와 같은 역할을 하는 명작들이다.

"타인은 지옥이다."

20세기 지성을 대표했던 사르트르Jean Paul Sartre가 한 말이다. 타인이, 특히 내가 마음에 둔 이성이 입안의 혀처럼 곰살궂을 때 우리는 어떤 일을 해도 능률이 더 오른다고 장담하곤 한다. 하지만 때로는 자기 자신도 싫어질 때가 있는데 어떻게 남과의 관계가 늘 봄날만 같을 수 있겠는가. 연애도 삶의 중요한 경험이다. 어쩌면 생의 반려를 찾을지도 모르는 중요한 사업인 것만은 틀림없다. 따라서 나는 젊은이들에게 연애도 많이 해보라고 말하고 싶다. 그러나 탈영하는 이유의 3분의 1이 변심한 여자 친구 때문이라고 할 정도로 연애가 언제나 원하는 방향으로 흘러가 주는 것은 아니다. 따라서 인생의 전기를 눈앞에 둔 수험생들과 젊은이들은 기존의 연인이 있다면 모르되 없다면 책 속에서 적합한 연인을 찾아 헤

매는 게 현명할 듯하다. 만인의 연인이었던 알리사, 혹은 데미안이 시대
에 뒤떨어진 대상으로 느껴진다면 최근에 발표된 소설 주인공이나 역사
적 인물 중에서 가장 매력 있는 인물을 골라 그녀 혹은 그와 사랑에 빠지
는 것이 정신건강상 좋다.

하버드는 멀어도
관악산은 가깝다
고난을 수긍하면 긍정이 성공을 부른다

지금 여러분이 있는 곳이 한 평짜리 고시원의 쪽방이라면 책으로 시선을 돌려 시야를 넓히자. 혹 엄동설한에 쪽잠을 자야 하는 서울역이나 지하도라면 길 위의 선전용지에서라도 미래를 찾아보자.

과외 공부 한 번 못 해보고 고학하다시피 대학을 나온 S씨. 오래전 모 진흥공사의 영화 시나리오 공모에 당선 후보자로 이름이 올랐으나 당시 당선자는 그 단체에서 운영하는 시나리오작가과정 이수자라야 한다는 내부지침 때문에 당선되지 못했다. 하지만 심사에 참여했던 관계자로부터 그 강좌에 등록만 하면 다음 차례에는 S씨를 당선시켜 주겠다는 약속의 말을 들었다. 하지만 그는 당시 그 강좌의 등록금이던 단돈 9만 원이 없어서 꿈을 접었다. 교재를 살 시간도, 돈도 없었던 그는 아파트 재활용품 수거함에 항공기 승무원들이 버린 낡은 영어회화 교재와 버려진 〈코리아헤럴드〉를 주워 영어공부를 했다. 그러나 부끄러워하기보다 공짜로 교재를 얻을 수 있었던 행운에 감사했다. 당시에는 채널 2에서 미군방송이던 AFKN 텔레비전이 나왔는데, S씨는 발음이 정확한 것으로 정평이 나 있던 피터 제닝스가 앵커로서 진행했던 ABC뉴스를 들으며 회화의 감을 익혔다. 사회인이 된 후 해외 어학연수 한번 가지 않았던 S씨는 국내에서 개최된 각종 세계학술대회에서 유창한 영어로 세계 석학들과 학술 주제에 대해 토론을 벌였다. 사석에서 외국의 학자들이 물었다. 외국에서 몇 년간 살다 왔느냐고.

그동안 잊고 지냈던 S씨를 기억하게 한 것은 한 권의 책이었다. 저자 리즈 머리Liz Murray의 자전적 이야기 《길 위에서 하버드까지Breaking Night》. 부모, 형제, 그리고 마지막 남아 있던 실낱같은 희망마저 빼앗기고 거리를 헤매던 어린 노숙자에게 독서와 공부는 밝은 미래로 이끄는 통로가 되어준다. 어린 소녀가 극복하기에는 불가능한 것처럼 보였던 상황이 독서와 공부로 역전되는 것을 우리는 그 책을 통해 경험할 수 있다.

희망을 버리지 않는 한, 성실하게 자신의 어려움을 극복해 나가려는 의지가 있는 한 불가능이란 애초에 없다. 공부는 희망이며 책은 미래로 열린 통로다. 그 가치를 미처 알아보지 못했다면 책을 통해 간접 체험으로나마 깨닫고 이제 그 길에 함께 동행하기를 권한다. 《길 위에서 하버드까지》의 저자가 말한 그 한 마디를 다시 한 번 강조하면서.

"한순간에 인생이 최악으로 변할 수 있다면 최선으로도 변할 수 있어."

VI

이제 타인의 머릿속으로
걸어 들어가라

독서의 완성은 글쓰기다
독서를 할 때마다 메모하는 습관을 들이고
시간이 날 때마다 그 메모를 하나의 글로 완성해보자.
이전에 우리가 헤맸듯 우리와 같은
어려움에 처한 사람들을 이끌어줄 수 있다.

독서로 환골탈태한 이후
기록으로 나를 돌아보자

처음에는 책 한 권을 집어 들기가 무엇보다도 힘들었다. 하지만 어느 정도 책을 읽은 경험이 축적되면 점점 속독이 가능하며, 마치 책이 책을 읽듯이 한 권을 끝내고 나면 그 책으로 인해 그와 연관된 다른 책에 대한 욕구가 솟게 마련이다. 지금의 젊은 나는 이 모든 것을 기억하지만 세월이 흘러 내가 부모가 되어 입장이 역전되면 어떻게 변할는지 알 수 없다. 한때는 젊은 세대로서 기성세대의 타성과 고루함에 도전했던 이들이 지금은 고리타분한 늙은 세대가 되어 사사건건 훈수를 두려고 하고 젊은이들에게 이미 유통기한이 지난 구세대의 가치에 맞춰 살 것을 명령하곤 한다. 신선한 사고를 하는 젊은이들은 또 이들의 편협함을 참지 못한다.

이른바 세대갈등이다.

왜 이런 갈등이 유발되는가? 망각 때문이다. 개구리가 신나게 들판을 뛰어다니며 자기 힘에 취해 있을 때 그는 절대로 올챙이 적을 기억할 수 없다. 유년의 기억이 서린 물가가 얼마나 위험에 가득 찬 곳인지는 말할 것도 없고 누구나 저절로 개구리가 될 수는 없다는 사실을 몸소 체험했다는 것조차 잊어버리기 일쑤다. 그러므로 올챙이에게 개구리가 되는 법을 가르치기 위한 관건은 올챙이 적을 잊지 않고 기억하게 하는 것이다. 척박한 환경과 천적으로부터 후손을 보존하고 싶다면 말이다.

기록이란 잊지 않으려는 단순한 필요에 의해 생겼지만 엄청난 성과를 이루게 해준다. 각 왕의 업적을 기리고 시대의 사건을 잊지 않기 위해 기록하기 시작한 《조선왕조실록朝鮮王朝實錄》은 1997년에, 실록의 자료로서 1차 기록인 《승정원일기承政院日記》는 2001년에 유네스코 세계기록문화유산으로 선정되었다. 치밀하고 과학적인 기록은 우리나라 역사를 길이 전하는 데 그치지 않고 당대 인류 전체의 기록으로서 인류의 위대한 자취로서의 가치도 지녔다는 사실을 인정받은 것이다.

개인사도 마찬가지다. 잊기 전에 자신이 청소년기에 맞닥뜨린 문제와 고민, 또 그것을 어떻게 해결했는지에 대한 기록을 남기자. 특히 성공의 기록보다는 실패의 기록, 그것을 극복한 노하우의 기록에 집중적으로 투자하자. 개인이 모여 시대를 만든다. 공맹 시대의 문헌에조차 우리에게는 까마득한 조상뻘인 '오늘날의 젊은이'들에 대한 우려 글이 실리는 것을 보면 사람의 사회를 둘러싼 문제에는 늘 공통점이 있다는 것을 알 수 있다. 그러니 나 이후로도 학생과 젊은이들은 비슷한 문제로 고민할 것이 자명하다. 또한 이런 문헌은 세대갈등이 시간차에서 오는 것이 아니라 입장변화에서 온다는 사실을 증명한다. 따라서 우리는 적어도 우리가 처해 있던 입장만큼은 잊지 말고 후배들을 이해해야 한다. 그리고 그것은 성공기이든 실패기이든 글로 써서 남겼을 때 가능하다.

우리가 지식을 취했던 모든 책은 우리처럼 궁핍에 빠진 이들을 돕기 위해 누군가가 쓴 글이다. 불과 몇 천 원, 혹은 1만 원 남짓한 가격으로 우리가 헤매지 않도록 누군가에게 도움을 받았으니 이제는 우리가 같은 처지에 놓인 누군가를 도울 차례다.

글쓰기? 어렵다. 결코 간단치가 않다. 우선 글을 쓰려면 방대한 자료가 필요하다. 또 그것을 짜임새 있게 기획할 수 있어야 한다. 읽어온 자료가 있더라도 책장에 가득한 책들을 다시 훑어보고 정리할 시간이 충분하지 않다. 어떻게 하면 좋을까?

사실 지식을 기록하는 것은 문학작품을 쓰는 것보다 훨씬 쉬울지도 모른다. 탄탄한 자료가 있고 모국어의 문법, 표현법만 알면 누구나 책의 저자가 될 수 있다. 이제껏 우리는 다섯 수레에 가득 찬 책을 책장에 정리해 넣었다. 보다 정확하게 말하자면 엑기스는 우리 뇌에 입력시켰고 나머지는 책이라는 하드웨어에 담아 책장에 보관한 것이다. 글 쓸 밑천이 다섯 수레에 가득하니 이제 쓰는 방법만 찾으면 되겠다.

인풋이 있으면
아웃풋도 있어야 한다
읽고 공부한 것들을 사장시키지 말자

책을 읽고 난 후에 어느 정도 필기가 가능한, 너비가 5센티미터쯤 되는 접착식 메모지 세 장을 준비한다. 각각 색이 다르면 더 좋다.

접착식 메모지 1	저자의 저작의도, 주제 등을 적는다.
접착식 메모지 2	좋았던 구절이나 동의할 수 없고 싫은 부분을 표기한다.
접착식 메모지 3	나만의 생각을 표기한다. 즉, 내가 같은 부류의 책을 쓴다면 어디를 보완할 것인가를 쓴다.

시간이 없으면 접착식 메모지를 그냥 붙여놓기만 한다. 그러다가 입시나 자격시험 등이 막 끝난 직후, 혹은 누군가의 전화를 기다리는 자투리

시간처럼 집중을 필요로 하는 일이 손에 잡히지 않을 때마다 한 권씩 가져다가 살펴본다. 이때 자신이 글을 읽으면서 메모했던 단편적인 생각들을 심화시켜 표현해본다. 여기 한 블로거의 글을 소개하고 역으로 그가 착상한 과정부터 되짚어 글을 쓰게 되기까지의 과정을 재구성해본다. 글만 보아도 글쓰기보다는 지적인 호기심을 가지고 주로 지식을 충족시키기 위한 독서를 주로 하는 사람의 글임이 드러난다. 그런데 독서의 영역을 넓히다 보니 그 결과 글쓰기에 도전하게 된 듯하다.

어릴 때 허준을 보고 자랐던 나에게 《동의보감》이라는 책은 한의학과 관련해서 처음으로 알게 된 서적이었다. 한의학의 원조라고 할 수 있는 중국에서 오히려 《동의보감》이 베스트셀러가 되고, 일본에서도 큰 인기를 얻었다는 사실을 언젠가 다른 책에서 읽은 적이 있다. 이 글에서는 《동의보감》을 알기 쉽게 풀이한 《동의보감: 몸과 우주 그리고 삶의 비전을 찾아서》를 조금 소개하고 평가를 내려보도록 하겠다.

- 출처: http://blog.naver.com/neiljy, 2012. 12. 17. 작성글

접착식 메모지 1	《동의보감》 정독하기	드라마 〈허준〉의 내용과 비교하기
접착식 메모지 2	《동의보감》	너무 어렵고 딱딱하다. 좀 더 쉽고 재미있는 책 없을까?
접착식 메모지 3	인터넷 검색 중 좋은 책 《동의보감: 몸과 우주 그리고 삶의비전을 찾아서》를 찾음	알기 쉽고 흥미롭게 《동의보감》을 설명한 책

윗글을 접착식 메모지에 쓴 메모로 바꾸어놓고 다시 보면 저자가 자신이 어릴 적 보았던 드라마 〈허준〉에서 독서의 동기를 찾았다는 사실이 보다 뚜렷이 드러난다. 그는 드라마 시청이 독서 동기를 유발한 드문 경우에 속한다. 그러나 책을 본 후의 소감은 너무 어려웠다는 것이다. 그는 좀 더《동의보감東醫寶鑑》을 잘 알기 위해 이번에는 인터넷을 검색한다. 그리고 최종적으로 만족할 만큼 쉽고 흥미로운 책을 드디어 찾아내게 된다. 그는 이 책을 읽고 난 후의 평가를 다음과 같이 내렸다.

드라마 〈허준〉에서 (……) 진정한 의사가 되기 위해서는 인간의 몸을 알아야 한다며 자신의 몸을 해부해볼 것을 명령하는 장면이 있었다. (……) 살아 있는 사람을 대상으로 해야 한다. 정, 기, 신의 작용이 이루어지지 않는 시체를 대상으로 해부를 한다 하더라도 치료에 도움이 되지 않는 것이다. (……) 동방의 조선에도 중국 못지않은 의학이 있다고 주장할 수 있을 정도로 조선의 의학이 발달했다는 사실을 독자들에게 전달했다는 점은 훌륭했다.
또한 허준 깨뜨리기를 시도했다는 점은 큰 의의가 있는 것 같다. (……) 민족의학의 선구자로서 허준을 부각시키기 위해 일부러 허구의 장면을 만들어 삽입했다는 점은 '영웅 만들기'의 전형적인 모습이라 할 것이다. 이 책에서는 그런 신화와 거짓을 모조리 깨뜨리고 허준과《동의보감》에 다가가고 있다.

이 블로거의 글은 드라마를 본 일이 독서로 이어지고 그 독서가 탐구심을 유발함으로써 심화된 독서단계로 발전하는 자신의 내면적 성장과정을 보여주고 있다. 그는 독서에 그치지 않고 충실한 독자로서의 시각으로 독후감을 써서 다른 이들을 위해 블로그에 올렸다. 그것은 자신이 언급한 저서의 가치를 간단하면서도 분명하게 보여주고 있어 신문이나 잡지에서 볼 수 있는 전문적인 서평은 아니지만 조언을 구하는 네티즌 독자들을 위한 서평으로서는 손색이 없다. 이런 블로거들의 소박한 서평은 읽을거리를 찾아 헤매는 독자들에게는 요란한 명성의 평론가가 쓴 글보다 가까이하기 쉽고 공감을 일으킨다. 우리의 독서는 이와 같이 비슷한 처지에 놓인 사람들을 안내하는 효과를 이끌어내는 게 첫 번째 목적이다.

이제 타인을 위한 등대가 되자
독서와 글쓰기의 활용

예전에는 이웃사촌이라는 말이 유행이었다. 집집마다 대문을 걸어 잠그고 살지 않았고 동네 사람은 모두 앞집 형, 뒷집 누나처럼 가족에게 쓰는 호칭으로 부르면서 친근하게 지냈다. 하지만 사회가 핵가족화, 도시화되고 흉포한 각종 범죄가 증가하면서 이제는 육중한 문을 견고하게 잠그고 사는 것을 당연하게 여기게 되었다. 사회적 동물이 인간이라지만 현대인의 경우 학교 친구들이나 직장 동료들 말고는 사람과 사람 사이에 왕래가 거의 없다. 소통이 막힌 구조로 변해버린 것이다.

이런 시대에 작가는 자신이 쓴 글로 독자와, 세상 사람들과 소통한다. 소설가든, 수필가든, 철학자든 마찬가지다. 나 역시 그간의 경험을 책으로 펴냄으로써 사람들과 소통하고자 한다. 그러나 아무리 좋은 글을 썼다 하더라도 출판하지 않으면 다른 사람과의 소통은 불가능하다. 그러나 소통하고 싶다고 저마다 책을 내는 것도 곤란하다. 엄선된 내용이 편집 전문가의 손을 거쳐 책으로 세상에 나오기에는 비용이나 시간적인 문제에 있어서 쉽지 않은 일이다. 또 독자의 입장에서도 전문적으로 글쓰기 훈련이 되어 있지 않은 저자의 글을 읽는다는 것은 곤혹스러운 일이다.

요즘 사람들은 많은 정보를 원한다. 새로운 소통을 원하고 있다. 인터넷이라는 공간을 통해서다. 대표적인 것이 블로그다. 블로그에 올리는 글은 명문이어야 하는 것도 아니고, 고단한 퇴고의 과정을 거쳐야 하는 것도 아니다. 그저 자신의 느낌과 경험을 솔직하게, 있는 그대로, 대신 정확하게 올리면 그만이다. 전문 작가가 아니라면 블로그는 제법 훌륭한 아웃풋의 공간이자 다른 사람과의 소통의 공간이다.

소통을 위한 일인 미디어, 블로그를 준비하자

블로그에 실을 글은 문서작성 프로그램으로 써서 올리면 되고 동영상이나 사진은 스마트폰만으로도 언제 어디서나 찍을 수 있는 시대이다 보니 파워블로거들은 이렇게 마련한 자료를 다양하게 이용해 전보다 훨씬 손쉽게 블로그 운영을 하고 있다. 그들의 영향력은 상상 이상이다. 분야별로 파워블로거가 있고, 독서정보를 제공하는 사람들도 여럿이다. 좋은 책에 대한 정보를 찾아 헤매는 우리들에게 그들의 블로그는 인터넷의 바다에서 등대 역할을 한다.

이제 우리는, 우리가 헤맬 때 누군가 이끌어주었듯 독서와 공부에서 얻은 작은 성과로 우리와 같은 어려움에 처한 사람들을 이끌어줌으로써 받은 도움을 갚을 수 있다. 독서를 할 때마다 메모를 하는 습관을 들이고 시간이 날 때마다 그 메모를 하나의 글로 완성해보자.

파워블로거가 하루아침에 혜성처럼 나타나는 것은 아니다. 공감하는 사람들의 참여가 하나둘 늘다 보면 어느 날 파워블로거가 되어 있는 것이다. 자신이 네티즌과 공감대를 형성하고 싶은 분야가 어떤 분야인지 알고 보다 특화된 블로그를 운영하면 그저 잡다한 일상을 올리는 것보다 더 많은 이웃을 확보할 수 있을 것이다.

블로그에 올리는 글은 어떤 것이어야 하는가?

기본적으로 우리는 학교 다닐 때 일기와 독후감, 관람평 등을 수없이 숙제로 써보았다. 대부분은 블로그를 운영할 자질을 이미 학창시절에 갖추었다고 볼 수 있다. 하지만 실제로 블로그에 올릴 글을 쓰는 데는 약간의 준비기간이 필요하다. 블로그를 운영한다는 것은 일정한 정보와 지식을 불특정 다수에게 제공하는 개인 미디어로서의 기능을 가지고 있기 때문이다. 신문, 방송 등의 일반 미디어에 오르는 기사의 특성과 성격을 그대로 가지고 있다는 의미다. 따라서 객관성을 띠어야 하며 검증되지 않은 편파적 주장을 사실인 것처럼 올려서는 안 된다.

다음으로는 인터넷이라는 공간의 속성을 제대로 파악해야 한다. 인터넷은 속도와 소통을 중시하는 공간이다. 따라서 모니터 화면의 불빛을 응시해야 하는 네티즌은 오랫동안 들여다보아야 이해가 가는 지나친 난이도의 글은 선호하지 않는다. 또한 오늘은 새로운 기사라도 하루만 지나면 이미 과거의 관심거리로 전락하는 예도 비일비재하다. 블로거의 정보는 신속함을 생명으로 한다. 정보와 자료를 찾아 헤매는 네티즌들은 사후에라도 사실과 다른 정보를 얻었다는 사실을 알았을 때는 가차 없이 항의를 하며 익명성을 이용해 치명적인 악담을 하거나 소위 신상 털기를 가하는 경우도 있다. 따라서 개인 미디어에 올리는 글이라 하더라도 사실성을 철저하게 검증해야 한다.

다음은 명문 K대학교에서 가르치는 미디어 글쓰기 성격의 핵심을 십계명으로 정리한 것이다. 이 내용만 철저하게 지킨다면 당신도 좋은 작가가 될 수 있다.

미디어 글쓰기의 십계명

❶ 네 가지 원칙

① 정확한 사실에 근거하라.

② 균형감각을 가져라.

③ 누구나 읽을 수 있게 써라.

④ 문장은 간결하게 써라.

❷ 여섯 가지 세칙

⑤ 읽는 이에게 길을 가르쳐준다는 생각으로 써라.

⑥ 서론, 본론, 결론, 세 단계로 나누어 생각하라.

⑦ 생생하게 그려라^{시각화시켜라}.

⑧ 한 문장에는 하나의 정보만 담아라.

⑨ 주어를 분명히 하라.

⑩ 주어와 서술어를 1 대 1로 호응시켜라.

파워블로거가 되라
정성 들여 깊이 있게 쓰고 공유하자

요즘 웬만한 명성을 가진 매스미디어보다 인기를 끄는 것이 파워블로거의 개인 블로그다. 대부분의 블로그는 자신의 일상을 지인들과 공유하기 위해 만들어진 것이다. 지인들과 웹상에서 만나는 것을 즐겁게 하는 것이 목적일지라도 매 글마다 일목요연하게 정리하고 정확하고 깊이 있는 유용한 정보로 채웠다면 우연히 들렀던 많은 사람들이 도움을 받을 수 있다.

꼼꼼한 정보, 나도 파워블로거!

우리는 매일 음식점에 가고 이곳저곳 여행을 하고 친구들이나 연인과 함께 영화를 본다. 이때 들르게 된 음식점이나 여행지의 명물 등을 만나면 위치 파악에서부터 전화번호나 메뉴, 가격의 합리성, 주위 사람들의 반응 등을 꼼꼼히 살폈다가 블로그에 올려보자. 그러면 같은 장소를 지나치던 많은 사람들에게는 살아 있는 정보가 될 것이다. 이렇게 우연히 도움을 받은 독자라면 추천 버튼을 한 번 꾹 눌러줄 정도의 보답은 하지 않을까? 이런 추천이 쌓이다 보면 어느새 파워블로거가 되어 있는 자신을 발견할 것이다.

맛깔난 문체, 나도 수필가!

때로 웹서핑을 하다가 파안대소하는 일이 있다. 초등학생들이 올린 일기를 보고서다. 아이들의 시선은 신선할 뿐만 아니라 기발하고 엉뚱하다. 게다가 매우 솔직하기 때문에 수필가들이 쓴 글보다 아이들의 일기를 읽고 고개가 끄덕여지거나 어른으로서 반성할 때가 많다. 대학생들이 올린 여행기를 보아도 그렇다. 전국 곳곳에 사는 사람들 사이에서 매일 벌어지고 있는 일상의 진솔한 이야기는 그대로 시대의 역사를 만든다.

일기는 수필 장르의 백미라고 할 수 있다. 하루하루 지내면서 느끼는 감정과 사람 사이의 소소한 일을 맛깔난 문체로 써 내려가 보자. 멋지게 만들기 위해 현학적인 표현을 쓰고 감정을 포장하는 것은 바람직하지 않다. 이미 인터넷이나 신문에는 그런 글들로 도배가 되어 있기 때문이다. 지나치게 외설적이거나 상스러운 표현을 써서 혀를 차게 만드는 개인 미디어가 폭발적인 인기를 끄는 것이나 검증을 거친 일부 공인 언론보다 그 미디어 운영자의 말에 사람들이 솔깃해 하는 것은 글이 미디어 운영자의 감정을 진솔하게 나타냈다는 믿음 때문이다.

여기서 주의할 것은 그러므로 대담한 진솔함을 가장해 거짓 보도를 일삼으면 아무리 폭발적인 인기를 끌어도 언젠가는 반드시 매장되리라는 사실이다. 또 벤치마킹할 것은 그들처럼 가려야 할 맨살까지 드러내지는 않을지라도 개인 블로거만이 가지는 장점, 즉 삶을 있는 그대로 보여주는 글을 써서 올려야 독자가 호응한다는 것이다. 따뜻하고 진솔한 글로 대중에게 감동을 줄 때 수필가 반열에 들어서게 된다.

예리한 분석, 나도 평론가!

평론가는 눈이 날카롭고 작품에 애정을 가진 양식 있는 독자다. 병을 고치려면 쓴 약을 먹어야 하듯 저자들에게는 칭찬도 격려가 되어 좋지만 날카로운 비평도 문학의 거목으로서 거듭날 수 있는 자양분이 된다.

이미 우리는 공부의 칼을 벼리는 동안 책을 읽는 데는 반 도사가 되어 있다. 책을 쓴 저자에 대한 정보를 확인하는 것은 독서의 기본이요, 그 책이 문학사에서 어느 계보에 자리하고 있는가를 생각하는 것은 우리가 문화사를 관통하는 동안 붙은 꼼꼼한 버릇의 하나일 뿐이다.

소설을 읽을 때는 문학적으로 해부하여 플롯은 어떤가, 인물은 이 책의 주제를 충분히 보여줄 수 있을 정도로 개성적으로 창조되었는가, 그것을 어떤 문체로 담아냈는가를 분석하게 된다. 학술서적을 읽을 때는 그 책이 해당 학문분야에서 어떤 성과를 거두었으며, 그 책을 읽음으로

써 독자로서의 나는 어떤 학문적 도움을 받았는가를 낱낱이 적어보자. 이렇게 전문적으로 구체적 분석을 해서 하나하나 평을 해주는 독자라면 이미 평론가의 내공을 갖추었다고 할 수 있다.

학습노트, 나도 인기 강사!

바둑 8급에게 가장 머리에 쏙쏙 들어오는 훈수를 둘 수 있는 사람은 바둑 7급이다. 너무 뛰어난 사람은 자신보다 한참 아래 있는 사람이 어떤 상태에 있는지 보이지 않는다. 7급이라면 얼마 전 8급으로서 헤매던 길이 훤히 보여서 그 길로 가지 말라고 소리쳐 외칠 수 있는 것이다.

공부나 독서도 마찬가지다. 책을 읽기 싫은 사람에게는 속독법을 강의하기보다는 "왜 싫은지" 대화를 나눠보고 우선은 덜 싫게 만드는 처방을 먼저 내려야 한다. 이때 자신이 지나온 학습과정을 단계별로 소개하는 것은 자신과 비슷한 처지에서 헤매는 동료들에게 등대를 제공해주는 것과 같다.

자신이 택했던 공부법을 소개하고 성공했을 때는 그 이유와 과정을, 실패했을 때는 실패한 상태를 공개해서 인터넷 노마드유목민: 가축의 먹이를 찾아 광야를 떠다니는 사람들들이 한순간만이라도 초원에 정착할 수 있게 도와보자. 그리고 그들이 우리가 실패한 부분에 대한 해답을 가지고 있다면 편히 쉬었던 데 대한 사례로 자신들의 노하우를 일러주고 가게 하자. 블로거의 이런 글들은 공부의 왕도를 논하는 원론적 서적들보다 구체적인 사례 중심 해답서 역할을 할 것이다.

VII

책에 관한 거의 모든 것

책은 소통이며 역사다
음란물이나 범죄 노하우가 적힌 책이 아니라면
필요 없는 책은 없다.
오히려 책은 시간이 지나면 지날수록 그 가치를 더한다.
버리지 마라. 대신 나눠라.

간략한 책의 역사
파피루스에서 전자책까지

이름에 관계없이 평평하고 얇은 물건에 문자를 적은 후 묶음으로 만들어 일정한 정보나 지식을 전할 목적으로 보관하는 것을 우리는 책이라고 부른다. 책은 자신이 태어난 지역의 자연환경을 말해준다.

책은 언제 생겼을까?

티그리스 강과 유프라테스 강 사이의 메소포타미아 지방에서는 질이 좋은 점토가 많아 사람들이 납작한 점토판에 글씨를 새겨 가지고 다녔다고 한다. 이것이 인류 최초의 책으로 보인다. 다음으로 등장한 것이 파피루스papyrus로 만든 종이다. 'paper'라는 철자는 여기서 유래되었다. 파피루스는 갈대의 일종으로 나일 강가에 많이 자라는 부들 혹은 방동사니과의 풀이다. 고대 이집트인들은 이 풀의 껍질은 갈대배를 만드는 데 쓰고, 푸른 껍질 안에 든 하얀 속은 얇게 잘라 나란히 놓고 직물 짜듯이 교차하는 방향으로 한 겹을 더 놓아 눌러 말린 다음 갈대나 새 깃으로 그 위에 글씨를 썼다.

과거에 사용하던 책冊이라는 한자어를 분석해보면 '竹'과 '冊'으로 이루어져 있다. 실제로 과거의 책은 대나무 조각을, 글자는 나란한 나뭇조각을 끈이나 꼬챙이 같은 것으로 꿰어놓은 형상이었다. 그러니 冊이라는 글자는 그 모양을 형상화한 것이라 하겠다. 《두산동아백과사전》에 따르면 '죽간竹簡과 목독木牘을 체계 있게 편철하여 사용하였던 책策'을 책의 유래라고 보는 것이 학계의 정설이라고 한다. 그리고 책이라는 글자는 이런 제조과정을 형상화한 상형문자象形文字라는 것이다.

한편 영어의 'book'은 원래 나무껍질을 뜻하는 'bark'라는 말에서 유래되었다는 소수 의견이 있다. 이는 한국의 몇몇 재야 학자들과 일부 서양의 언어학·고고학·인류학자들이 주장하는 내용이기도 한데, 박은 박혁거세가 시조인 그 글자 박朴, 가을이면 초가집 지붕에서 익어가는 흥부가 켜던 그 '박'이기도 하다. 'bark'는 고려와 같은 혈통인 훈족이 아틸라의 사망 이후 독일, 프랑스 등등의 유럽으로 흩어져 서양인으로 동화되는 과정에서 그들의 문화가 유입되어 퍼진 단어라는 것이다. 그러나 'book'은 'biblos'에서 유래되었다는 것이 학계의 압도적인 의견이다. 비블로스biblos는 그리스어로 '작은 언덕', 페니키아의 주신이었던 '바알Baal이 세운 마을'이라는 뜻이라고 한다. 그리스인들은 동방에서 수입하는 파피루스를 동서교역의 중계항인 이 비블로스의 지명에서 따와 비블로스라고 불렀다고 하는데 'bible'이나 'book'의 어원도 역시 'biblos'라고 한다.

그런데 프톨레마이오스 왕조의 이집트는 그리스 도시의 하나인 페르가몬에 수출하던 파피루스의 반출을 금지했다. 이에 BC 190년경 페르가몬의 왕 에우메네스 2세는 파피루스를 갈음할 재료를 만들기로 했고, 그 결과 양, 소, 염소 등의 가죽을 얇게 벗겨내어 털을 깎고 표백을 한 후 털을 벗겨서 말린 양피지가 발명되었다고 한다. 양피지를 페르가메네 pergamene라고도 부르는 것은 이런 역사적인 사건에 기인한다. 양피지는 재질이 약해서 금방 훼손되는 파피루스보다 훨씬 내구성이 강했으므로 서구에서는 8세기 초엽까지 그 사용이 파피루스를 압도했다. 그러나 값이 비싸고 부피가 크며 너무 무거운 양피지의 한계 탓에 모든 책은 곧 새로 도입된 종이를 재료로 제작하게 되었다.

종이의 발명은 인류의 문명 발전에 가속도를 붙게 했다. 각지에 도서관이 세워졌고, 지금도 그 나라에서 가장 많은 장서를 보유하고 있는 왕립도서관도 세워졌다. 이후 왕정이 무너진 대부분의 나라에서는 이 왕립도서관의 명칭이 국립도서관으로 바뀐다. 그 나라의 국체 변화가 도서관의 운영 주체 변화와 일치한다는 증거라 하겠다. 어쨌든 국가의 정체와 동일시되는 주체가 운영하는 도서관은 그 나라에서 가장 많은 자료가 가장 안전한 상태로 보존되어 있는 곳이다. 세계문화유산이 된《조선왕조실록》이나《승정원일기》등이 보관되어 있던 곳도 조선의 왕립도서관인

규장각, 충주, 전주, 성주 등의 사고史庫였다. 임진왜란으로 충주, 성주 등의 사고는 불타 없어졌지만 전주본은 남아 우리의 왕실기록을 세계문화유산으로서 인정받게 해주었다.

책이 없었다면 우리가 어찌 '배달민족'이라는 단어를 알았겠으며 고조선, 고구려 등 우리 국민의 자존심을 충족시켜 주는 시대에 대해 어떻게 알았겠는가. 이것이 바로 역사가 일천한 민족이 역사왜곡을 일삼는 이유이고, 진시황이 분서갱유를 자행한 이유이며, 소정방이가 고구려를 침략하자마자 그들이 웅대한 동방역사의 주체라는 것을 세상이 망각하도록 동양 제일이라던 고구려 도서관을 불태우는 일을 최우선으로 저지른 이유다.

역사적으로 문화민족이던 한민족은 잦은 외침으로 점점 힘을 잃었다. 먹고사는 일이 가장 중요한 이슈가 되고 말았다. 먹고사는 일에 급한 사람은 독서와 글쓰기를 게을리하기 쉽다. 하지만 그럴수록 책을 가까이하고 글을 써야 한다는 사실은 일제강점기 때의 지식인들이 말이 아닌 행동으로써 증명해주었다. 그 시대의 최고 엘리트들은 한동안 필수과목에서도 제외되어 홀대받다가 올해부터 기사회생한 과목인 국사, 그리고 철학이나 국어를 전공으로 선택했고, 일생을 그 분야의 연구에 몸 바쳤다. 그때나 지금이나 학문, 특히 역사나 철학처럼 돈이 안 되는 분야를 연구한다는 것은 가난과 직결됐지만, 그들은 주저 없이 그 길을 선택했고, 그로써 오늘의 대한민국이 세계에 우뚝 서도록 초석을 마련했다.

책에 대한 수요가 늘자 출판기술은 다양한 분야의 기술에 동반성장을 가져왔다. 그런데 아이러니하게도 그 결과 책은 다시 홀대 받을 운명에 처해 있다. 책으로 전해주었던 각종 전자기기와 영상기술의 지식이 이 분야의 발달을 가져왔고, 이들이 실제 현실에 화려하게 등장함으로써 책을 사랑하던 대중의 눈과 귀를 차지해버린 것이다.

우리는 형체도 없는 파일을 불러 컴퓨터 화면이나 단말기, 심지어는 휴대폰으로 보면서 이를 전자책 혹은 앱북이라고 부른다. 먼 옛날 양피지와 대나무 편에 쓰인 책의 권위를 가벼움과 휴대가능성을 무기로 한 종이책이 탈취했듯이, 현대에는 종이책의 권위를 전자책과 각종 영상물이 잠식하고 있는 것이다. 지식의 전달 속도와 휴대성, 접근가능성 등의 편리함으로 볼 때 종이책은 이들에게 한참 뒤처진다.

때문에 모든 도서관과 지식전달을 본연의 업무로 삼는 기관들은 서둘러 전자책이나 앱북의 개발과 완성된 콘텐츠를 원활하게 이용자들에게 제공하는 서비스 체계 구축에 나서고 있다. 신체적인 장애로 외출이 어렵거나 도서관이 멀어 방문하기 어려운 사람 등에게도 각 기관의 이런 서비스는 대단히 환영할 만한 일이다. 처음에 너무 비싼 가격이 흠이었던 전자책을 읽을 수 있는 단말기도 최근에 각 회사가 다투어 출시하면서 가격이 많이 인하되어 독자들이 구입하기에 그리 큰 부담이 없다.

전자책 단말기

이제까지의 액정화면 형식의 전자책은 LCD패널 뒤에 백라이트를 달아 명암과 색깔을 표시함으로써 글씨가 보이도록 하는 원리로 제작되었다. 텔레비전이나 노트북, 휴대폰이나 PMP도 같은 원리로 글씨를 구분하게 해주는데, 어두운 곳에서는 밝은 빛으로 보이지만 빛의 속성상 LCD의 밝기보다 훨씬 밝은 빛 아래에서는 잘 보이지 않는다.

2012년에는 전자잉크e-ink가 새로 선을 보였다. 전자잉크란 두 개의 패널전자종이 e-paper 사이에 검은색과 하얀색의, 각각 마이너스와 플러스의 전하를 띠는 마이크로캡슐을 넣어두고 전기자극에 의해 캡슐을 위쪽으로 떠오르게 함으로써 글자를 표현한다. 이는 전기영동방식으로 일단 전기를 통해서 전하가 이동하고 나면 더 이상의 전기가 들지 않는다.

전기영동電氣泳動이란 다음과 같다. 용기여기서는 두 개의 패널 안에 전해질 액체를 넣고 그 속에 그것과 혼합되지 않는 다른 액체, 또는 고체의 미립자 등을 부유시킨 다음 전극을 삽입해서 직류 전압을 가한다. 그러면 전해질 속의 입자는 전기를 띠면서 각각 양의 입자여기서는 마이크로캡슐는 음극으로, 음의 입자는 양극으로 이끌려 액체 속을 이동한다. 음극을 향해 가는 입자는 'cataphoresis', 양극을 향해 가는 입자는 'anaphoresis'라 부른다. 이 흑백의 마이크로캡슐들은 일단 이동하고 나면 전기를 차단해도 끌려간 그 자리에 있으므로 종이 위에 쓰인 글자처럼 다른 조명을 이용해서 확인할 수 있다. 물론 햇빛 아래서도 종이의 글자처럼 보이므로 눈이 덜 피곤하다. 빛을 쏘는 게 아니므로 배터리 소모도 거의 없고 책을 읽을 수 있는 기기디바이스의 내장 메모리도 최소한 500메가에서 1기가에 이른다. 이 정도 용량이면 책 1천~2천 권 가량을 저장할 수 있다고 한다. 단점이라면 컬러 표시에 제약이 있고 동영상을 표현할 수 없다는 점이다.

아마존 서점에서 만든 이북리더, 킨들은 휴대폰 망을 이용해 주요 신문의 디지털버전을 아침마다 배달하는 기능을 최초로 가지게 되었는데, 한국에서도 네오럭스에서 개발한 전자책 리더기 누트가 2011년 5월 15일부터 와이파이를 통해 거의 같은 서비스를 제공하고 있다. 일본의 〈마이니치每日〉 신문은 일본 최초로 한국의 전자종이 단말기 누트에 일본어로 된 기사를 제공한다. 누트는 2011년 5월 10일부터 판매되었으며, 이때 가격은 29만9천 원이었다. 현재 누트3의 가격은 이보다 훨씬 저렴해졌으며, 신형 전자종이 디스플레이인 펄 이미징필름을 사용하여 선명도가 전보다 훨씬 좋아졌다고 한다. 킨들3도 이 전자종이 펄 이미징필름을 사용하고 있다. 일본의 소니사도 PRS505라는 전자종이 단말기를 출시해 서로 경쟁하고 있다. 전자종이가 발명됨으로써 전자책 시장은 폭발적으로 성장할 것으로 보인다. 전자책은 나무로 만드는 종이를 절약함으로써 벌목을 줄이는 결과를 가져와 환경보호에도 좋은 영향을 미친다고 볼 수 있다.

이 외에도 yes24 안드로이드 기반의 전자책 단말기 크레마터치Crema touch, 전자잉크를 사용하는 삼성의 SNK-60K 등이 있다. 특히 삼성 제품은 교보문고와 함께 개발한 전자책이라 교보에서 판매하는 전자책들은 이 기기를 이용해 읽을 수 있고, 현재 가격이 10만 원 전후로 저렴하게 보급되고 있다.

그러나 연구결과가 증명하듯, 빛의 작용으로 보이는 화면이 아닌 종이책을 통해 얻는 지식이 대뇌의 발달을 가져오는 데는 훨씬 도움이 된다.

때문에 필자는 종이로 발행된 책을 더 많이 읽을 것을 권한다. 재질이 무엇이든 재생기기의 도움이 없이 시각이나 촉각^{시각장애인의 경우}으로 읽는 책은 과학이 얼마나 발전하건 계속 발행되어야 한다는 것이 필자의 생각이다.

황의 법칙이라는 것이 있다. 삼성전자의 황창규 사장이 발표한 '메모리 신성장론'으로서 이 이론을 발표한 황 사장의 성을 따 '황의 법칙'이라고 불린다. 기술발전으로 인해 반도체 메모리의 용량이 1년마다 두 배씩 증가한다는 이론이다. 1980년 초 MS-DOS 명령어로 부팅되던 컴퓨터가 나왔을 때 필자는 과학의 발전에 경이로움을 표했다. 당시 원고지에 연필로 1천여 페이지에 달하는 글을 써 책을 출판해야 했던 작가들은 대개 연필의 각이 닿는 가운데 손가락 손톱 바로 위에 두꺼운 굳은살이 박여 있었다. 그런데 그 놀라운 기계는 모든 작동이 영어인 DOS 명령어인 탓에 매우 불편했지만, 한자 한자 글씨를 쓰는 고통에 비하면 그것은 아무것도 아니었다.

1985년에는 삼보컴퓨터에서는 한글로 입력이 가능한 프로그램 '보석글'을 내놓았다. 천지가 개벽할 만한 노릇이었다. 삼보컴퓨터에서 티메이커리서치^{T/maker Research}라는 외국회사의 소프트웨어 기능을 약간 수정하여 한글화한 것이 '보석글'이었는데, 당시는 토종 워드프로세서라 할 수 있는 '한글'의 탄생 전이었다. 또 컴퓨터의 모든 기능이 영어로 수행되던 시대였다. 이런 상황에서 '보석글'은 국내 사용자들에게는 정말 보석과 같은 프로그램이었다. 그리고 이때의 저장장치는 5.25인치, 얼마 후에는 3.35인치로 슬림화된 플로피디스크였다.

외계인의 힘이라도 빌어 1980년대의 어떤 시인의 집필실을 방문한다고 하자. 그는 창가에 앉아 낙엽이 지는 모습을 보면서 추일여정秋日餘情에 사로잡혀 시를 쓰고 있다. 그는 보석글로 흑백 컴퓨터 화면에 정성껏 자신의 시정을 한자 한자 입력하고 있다. 당신은 이 시인을 위한 선물로 용량 100기가바이트짜리 USB를 준비해 왔다. 낯선 방문객이 시공을 초월해 느닷없이 찾아온 데 대한 놀라움은 없다고 가정한다. 이 시인은 당신이 내민 선물을 받아 들고는 "앙증맞군요. 정말 감사합니다"라고 인사하면서 답례로 따끈하고 향기로운 차를 대접한다. 그 순간 어쩌면 그는 속으로 이렇게 생각할는지도 모른다.

'이 사람은 집필 중에 찾아와서 미안하다고 하기는커녕 아무짝에도 쓸모없는 물건까지 안기고 가는군.'

상대가 호모 아파렌시스인 '최초의 인간 루시'였다고 치자. 당신이 내민 100기가바이트짜리 USB 선물을 받아 들고 루시가 제일 처음 보이는 반응은 냄새를 맡는 행동일 수도 있다. 다음으로 그녀는 그것이 혹시 견과류인가 하여 입에 넣고 씹어볼 수도 있다. 그러나 먹을 수도 없는 금속과 플라스틱 파편이라는 것을 알아차리는 순간 석기를 들고 길길이 날뛰며 "우가우가~!" 하면서 당신에게 달려들 수도 있다. 만일 아파렌시스의 말을 통역하는 통역기가 곁에 있다면 그녀의 포효는 "이 털도 없는 괴물이 지금 장난하냐?"는 말로 바뀌어 동굴을 쩌렁쩌렁 울릴 것이다.

입장을 바꾸어 우리를 바라보자. 어느 날 해변가에서 절대 조약돌이라고는 할 수 없는 이상한 재질의 물건을 주웠다. 암석인 것 같기도 하고 금속인 것 같기도 하다. 모양도 자연물이 아닌 것만은 분명하다. 혹시 보석인가 하여 이리 보고 저리 보고 하다가 금은방에 가서 보석감정사에게 그게 무엇인지 물었더니 그냥 돌일 뿐이라고 한다. 그러면 십중팔구는 실망하면서 그것을 길가에 던져버린다. 하지만 당신이 던진 조금 전의 그 물체는 외계인들의 도서관 하나를 압축해놓은 저장장치일 수도 있다.

만일 당신이 시인을 찾아갈 때 그 USB 안의 모든 미래 유행 작품을 종이에 출력해 가져갔더라도 그가 당신의 선물이 가치 없다고 느꼈을까? 루시에게 A4용지에 인쇄한 종이를 주면 어떨까? 그녀는 이리저리 궁리하다가 불을 일으킬 때 불쏘시개로 유용하게 썼을 수도 있다. 만일 그 종이에 루시의 초상화(실은 뼈대를 컴퓨터로 복원한 루시의 추정도)가 그려져 있었다면? 분명 불을 사용하고 두 발로 걸었던 이 영리한 여인은 큰 관심을 보였을 것이다. 우리가 우연히 손에 넣었다가 쓰레기통에 던져버렸을지도 모르는 수많은 외계인의 필수품을 읽는 눈이 우리에게는 없다. 그러나 나스카 지방의 평원에 그려진 그림을 보고는 누구나 그것이 무엇인지에 대해 관심을 갖는다. 아프리카 벽화 속, 선사시대인들 사이에 서 있는 우주인과 우주선의 그림은, 우리에게 저 넓은 우주에는 우리보다 발달한 어떤 문명이 있다는 공통적인 생각을 심어주었다.

일정한 장치가 없으면 쓸 수 없게 되는 물건은 문명이 사라지면 복원이 불가능하다. 따라서 나는 전자책의 개발에 힘씀과 동시에 적어도 수억 년이 지나도 풍화되어 사라지지 않을 종이와 이와 유사한 재질의 소재를 발명해서 계속 손에 들고 다니고 시각이나 촉각 등을 이용해 읽을 수 있는 책을 계속 발행해야 한다고 믿으며, 아직 그렇게까지 문명이 진행되지 않은 바로 지금, 이 자리에서 정성껏 생산되고 있는 책을 반드시 읽어야 한다고 주창해 마지않는 것이다.

책 구하기
무엇을 사고 무엇을 읽을 것인가

　진솔한 대화 없이 일방적으로 강요한 권장도서 목록은 아이들의 사고 능력을 신장하는 데 그리 효율적이지 못하다. 한 조사기관에서 초등학교 교사의 도움을 받아 꼭 읽어야 할 책과 재미있는 책, 사회적으로 이슈가 된 책들을 골라 도서목록을 만든 후, 학생들에게 좋아하는 순서로 번호를 매기게 하고 통계를 냈다. 그 이후 학생들이 학부모와 함께 와서 독서상담을 받도록 했다. 그런데 막상 가장 좋아하는 책이 무엇인지 엄마 앞에서 말하게 하자 학생들은 자신이 조사에 쓴 내용과는 달리 당시 가장 유명한 동화작가의 작품을 제일 좋아한다고 말했다. 무기명으로 행한 조사에서 그 작가의 작품은 거의 선택한 학생이 없어 꼴찌였는데, 학부모앞에서 말하게 하자 상반된 결과가 나타난 것이다. 아이들은 어른들이 권하는 책을 읽어야 하며, 그래야 인정받을 수 있다는 압박감을 느끼고 있었다는 뜻이다. 동시에 어른들이 아이들은 좋아하지도 않는 책을 강요한다는 증거이기도 했다. 이런 사실은 최소한 두 가지를 우리에게 시사한다. 어른들이 어린이나 청소년의 사고를 전혀 이해하지 못한다는 것이며 또 한 가지는 아이들이 독서지도를 하는 어른들에게 큰 영향을 받고 있다는 사실이다. 따라서 효과적인 독서 및 글쓰기 지도를 위해서 우리는 우선 어린이들의 사고를 이해해야 하며, 다음으로 그들을 정신적으로 성장시키고 행복하게 해주는 독서목록을 만들어 함께 읽으며 대화해야 한다는 것이다. 이런 어린이들의 요구를 무시하면 부작용이 크다.

아이의 생각을 존중해주자

지난 어린이날 파주에서 있었던 일이다. 6학년 남학생이 여학생들만 등장하는 창작동화를 선택하자 그 학생의 어머니가 빼앗더니 좀 더 학습에 도움이 되는 책을 고르라면서 설화를 재화한 창작동화를 골라주었다. 그러자 아이는 화가 나서 그 책을 버리고 혼자 집으로 가버렸다. 반면 6학년 여학생은 유치원 아이들이 대상인 그림동화책을 선택했지만 여학생의 엄마는 아이의 선택을 존중해주었다. 두 모녀는 행사장 한쪽에서 즐겁게 웃으면서 그 그림동화를 소재로 이야기를 나누었다. 자신의 선택에 지지를 보내주는 부모를 가진 아이는 어린이날인 그날 내내 즐겁게 보냈을 테고, 깡그리 무시당한 채 책을 버리고 간 아이는 그러지 못했을 것이다.

자신의 자녀가 좋아하는 바로 그 책이 자녀의 연령대에 맞는 책이다. 우리는 그 수준을 높이기 위해 단계적으로 노력하되, 현재 아이 수준에 맞지 않는 책이 유명하거나 좋은 책이라는 이유로 강요해서는 안 된다는 사실을 잊지 말아야 한다. 부모가 간섭해야 하는 순간은, 자녀가 선정적이거나 폭력을 조장하거나 비도덕적인 것을 주제로 하여 올바른 가치관 형성에 악영향을 미치는 책에 빠져들 때다. 일단 인간사회에서 가치를 두는 여러 분야의 책을 두루두루 읽어 많은 것을 받아들이고 나면 사고의 폭이 넓어지기 마련이다. 그리고 그 사유의 결과를 체계적으로 끌어내 타인들과도 공유할 수 있게 하려는 최종적 행위가 바로 글쓰기다. 이렇게 차근차근 준비된 프로그램으로 독서지도를 하다 보면 나중에는 쓰는 것도 잘할 수 있으며, 어느새 학부모들은 개그맨 최모 씨의 유행어를 빌어 "글쓰기, 어렵지 않아요!" 하고 말할 날이 올 것이다.

가슴으로 설득하라

청소년과 가장 효과적으로 소통할 수 있는 방법은 그들과 같은 문화를 향유하는 것이다. 독서의 중요성을 가르치는 것은 꼭 필요한 일이나 독서의 중요성만을 가르치는 것은 피해야 한다. 대부분의 부모가 하는 착각이 있다. 옳은 말만을 끊임없이 되풀이하면 자녀들이 언젠가는 귀를 기울이리라는 것이다. 언뜻 생각하면 그럴 것 같지만 논리적인 뇌에 비해 감성적인 뇌가 더 발달한 어린 시절에는 옳은 말조차도 논리적으로 받아들이기보다 감성적 회로를 통해 받아들인다. 앞서 말한 6학년 남학생의 경우처럼, 엄마가 권하는 책은 이래서 좋고 네가 선택한 책은 이래서 나쁘다고 조목조목 따지면서 설명하려 들면 아이들은 엄마 말이 옳으냐 그르냐에 관계없이 자신이 인격적으로 공격당하고 있다고 느끼게 된다. 하지만 평소에 부모가 같이 놀아주고 텔레비전 개그프로그램도 함께 보면서 공감대를 형성하게 된 아이에게 어떤 것이 옳은지 설명을 해주면 비록 이해를 다하지 못하더라도 '부모님 말씀이니까 분명 옳을 거야' 하고 반응하는 것을 볼 수 있다. 이렇게 자신의 자녀, 자신의 독자, 자신의 제자와 같은 눈높이에 서서 그들의 눈을 들여다볼 때 우리는 그들과 대화가 통하고 우리의 말은 비로소 그들에게 설득력을 가지게 된다.

어린 독자들이라면 이런 책을 읽자

■ 고전

고전이란 시대가 변해도 독자들로부터 변함없이 사랑받는 책이다. 이런 일이 가능한 이유는 고전이 책을 통해 보여주려는 내용이 시대가 지나도 변하지 않는 인류 보편의 정서와 진리이기 때문이다. 따라서 인류 보편적 가치를 가진 책이라고 할 수 있다. 이런 책은 이미 오랜 시간 동안의 검증절차를 거쳤으므로 앞으로도 독자에게 외면받지 않으리라는 확신을 가질 수 있다. 따라서 고전을 많이 읽히는 것은 인류보편적 가치와 정서를 교육하는 효과가 있다.

연령대에 맞는 책이란 같은 또래의 어린이들이 가지는 육체적, 심리적 특성을 고려하여 도서기획자와 작가들이 연구를 거쳐 출판한 책이다. 그러나 세상에는 하나의 정답만 있는 것이 아니다. 자녀가 일반적인 표준에 부합하는 발달정도를 가지고 있다면 이런저런 권장도서나 추천도서를 찾아 읽으면 된다.

하지만 지나치게 높거나 낮을 경우는 어떻게 해야 할까? 각자의 눈높이에 맞춰 표준보다 좀 더 난이도가 높은 책을 읽히거나 낮은 책을 읽히면 된다. 문제가 되는 것은 눈높이란 무엇인가를 결정하는 일이 될 것이다. 어린이들이 좋아하는 작품과 적절한 추천도서를 골라 부모와 자녀가 함께 목록을 만들어본다. 읽을 때 아이가 고통을 느끼거나 흥미를 잃지 않을 정도의 책이라면 현재의 발달상태보다 조금만 더 수준을 높인 책을 선정해서 함께 읽어보는 것도 좋다. 이렇게 함께 고른 책을 읽은 후 서로 이야기를 나누곤 한다면 아이들은 자신의 의견을 존중해주는 부모와 대화하는 그 시간을 기다리게 될 것이다. 그러나 정답을 미리 만들어놓고 아이가 원하는 대답을 하도록 유도하는 것은 역효과를 불러올 수 있다. 부모가 숨은 의도를 드러내면서 일정한 사고의 패턴을 강요한다면 아이들은 가능하면 부모와 함께 하는 독서활동을 회피하려 들 것이다.

아무리 좋은 책이라도 어린이들에게 권태를 주고 부담감을 준다면 교육적·정서적 효과를 기대하기는 힘들게 된다. 흥미 있게 읽고 공감하는 책이 바로 그 아이의 연령대에 맞는 책이다. 만일 초등학교 5~6학년인 어

린이가 학술서적이나 철학서적 등에 관심이 있다면, 그리고 그 책들을
나름대로 자신의 수준에서 받아들일 준비가 되어 있다면 그것은 그 어린
이의 연령대에 맞는 서적이 된다. 그러나 고등학교 3학년인 청소년이 김
훈의 《칼의 노래》를 읽고 고종이 왜 '울음으로 전쟁을 치른다'고 저자가
묘사했는지 이해하지 못한다면 그 책은 곧 성인이 될 이 소년에게는 어
려운 책인 것이다.

독서와 글 쓰는 능력은 반드시 나이와 비례하는 것이 아니다. 부모는
자신의 자녀가 어느 수준인지 냉철하게 판단한 후 독서지도를 할 필요가
있다. 그럴 자신이 없다면 과감히 손을 떼고 불량서적을 읽지 않도록 하
는 정도로까지만 관여해야 한다.

❸ 상상력을 풍부하게 하는 책

《반지의 제왕The Lord of The Rings》과 《해리 포터Harry Potter》 시리즈가 유행
한 이후로 한국에 제대로 된 판타지 작품이나 SF 작품이 많지 않다는 개
탄이 일었다. 그 후로 어느 정도 시간이 지나자 각종 문학상을 받거나 문
예잡지에 수록된 글 중에 SF 장르의 작품의 수가 엄청나게 늘어나기 시
작했다. 하지만 정말 탄탄하면서도 문학성을 갖춘 작품은 몇 안 된다.

특히 남의 나라 설화에 등장하는 용이나 엘프 등을 등장시키는 것으
로 판타지의 소임을 다했다는 식의 작품 태도는 바람직하지 않다. 그나
마 다행인 것은 최근에 소위 토종신, 예를 들자면 성주풀이에 등장하는
가신들과 도깨비를 등장시킨 작품들이 등장하고 있는 것이다. 하지만 이

들 역시 단지 풀터가이스트 현상이나 초자연적 현상을 측간신이나 조왕신 등에게 전가시키는 수준을 넘어서지 못하는 경우가 태반이다. 따라서 아직은 안데르센Hans Christian Andersen이나 오스카 와일드Oscar Wilde, 에드거 앨런 포Edgar Allan Poe, 노발리스Novalis 등의 작품집을 추천할 만하다.

❹ 문학 이외의 다양한 분야의 책

우선 문학은 우리가 읽는 책의 기본이 된다. 그 중요성은 여기서 다시 거론하지 않아도 될 것 같다. 이미 앞서 논했던 문제들이 결국은 문학에 속하기 때문이다. 그 외 시턴Ernest Evan Thompson Seton의 《동물기Wild Animals I Have Known》, 다윈Charles Darwin의 《진화론Evolution Theory》 등 앞서 말한 고전에 속하는 자연과학서적, 세계의 정세, 인류의 가치를 일깨우는 내용을 다루는 《인디언의 복음The Gospel of the Redman》, 《모두가 행복한 지구촌을 위한 가치 사전Gibt es hitzefrei in Afrika?》 등 다양한 분야의 책도 어린이들이 접해야 할 책들이다.

한때 베스트셀러 반열에 들었던 《소피의 선택Sohpie's Choice》처럼 철학을 알려주거나 《수학귀신Der Zahlenteufel》처럼 수학 지식을 전해주는 책들이 많이 쏟아져 나온 적이 있었다. 이런 책을 읽어서 지식을 쌓거나 어렵게 느꼈던 분야에 친근하게 다가가게 해주는 것도 필요하다. 또 《세상을 살린 10명의 용기 있는 과학자들Guinea Pig Scientists》 같은 논픽션도 어린이들의 올바른 가치관 형성에 도움을 준다.

■ 어린이용으로 각색하거나 줄거리를 요약한 성인문학전집

어린이가 읽는 세계명작, 어린이 한국문학 전집 등 '어린이'자를 넣어 성인문학을 각색하거나 줄여서 읽는 행위는 신선한 과일이나 야채를 끓이거나 소금, 혹은 설탕에 절여서 깡통 통조림에 넣는 것과 같은 행위다. 예를 들어 《어린왕자 Le Petit Prince》를 《별의 왕자님》 등의 제목으로 각색된 작품에 나오는 어린왕자는 어려도 너무 어리다. 다시 말해 이런 책은 저자가 전달하고 싶은 철학을 모두 삭제해버리는 우를 저지르고 있다는 뜻이다.

어린왕자는 나이가 어리거나 유치한 왕자가 아니다. 어린이의 순수함과 맑은 영혼을 간직한, 그래서 여전히 타인들이 보기에는 아름답고 가능성이 충만한 어린 육체이지만 사랑을 위해서는 그 아까운 몸을 버리는 것도 불사하는 존재다. 그림을 못 그려서 "아찌, 나 그림 그려줘!" 하는 혀 짤배기 꼬마가 아니라는 의미다.

화자는 전쟁의 와중에 휩쓸려 그것이 옳으냐 그르냐를 따지기보다 당장 우편기를 띄우는 일에 골몰해 스패너와 씨름한다. 그 결과 가족 간의 훈훈한 사랑이야기를 담을 수도 있지만 누군가를 해하라는 지령을 담았을 수도 있는 편지들을, 적으로부터 무사히 보호해 전달해야 한다는 의무감 외에 다른 것을 생각할 겨를이 없다.

이런 전시 우편기 조종사인 화자에게 어린왕자는 삶이 왜 아름다운지를 가르치는 스승이 된다. 이런 것을 어린이에게 쉽게 한답시고 단순하고 쉬운 언어로 바꿔버리면 이 작품의 정수를 빼버리는 것과 다를 바가 없다. 정수가 빠진 영양가 없는 작품을 자녀에게 읽힐 필요가 있는지 의문이다.

성인용 서적을 각색한 도서를 어린이 독자들에게 읽지 못하게 하는 이유는 정리하면 다음과 같다.

첫째, 어떤 사물이든 사건이든 첫인상이 뇌리에 가장 강하게 각인된다. 아이들이 요약된 책이나 각색된 책을 읽으면 평생 그 작품에 대해 왜곡된 견해를 가지기 쉽다.

둘째, 대개 요약본을 읽고 자란 어린이들은 원본을 다시 읽지 않는다. 이는 잘못된 교양으로 굳기 쉽다.

셋째, 같은 말이라도 '아' 다르고 '어' 다르다. 작가들은 읽고 생각하는 데 미칠 미묘한 영향과 소리 내어 읽을 때의 문장의 운과 리듬을 생각해서 적합한 단어 하나를 선택하기 위해 밤을 새우는 일도 마다하지 않는다. 이런 표현들을 편집자가 임의로 줄인다면 저자의 창작의도를 완전히 뒤바꾸는 우를 범하는 결과를 초래할 수도 있다.

넷째, 처음 이런 책들이 등장할 당시 내가 가장 우려했던 것은 어린이용으로 각색된 것만 읽고 자란, 그리고 나이를 제한하여 몇 학년이 읽는 책, 몇 학년이 읽는 책 등으로 구분한 책에 발목이 잡혀 교육을 받고 자란 아이들의 사고력이 떨어지지 않을까, 하는 것이었다. 대개 이런 책을 쓸 때는 출판사에서 조금만 어려운 단어를 사용하면 그 또래 아이들이 이해

할 수 있는 단어만 쓰라고 강요하기 때문이다. 수저를 서툴게 쓴다고 해서 늘 밥을 먹여준다면 어느 세월에 아이들이 자기 손으로 수저를 쓸 수 있겠는가? 사고력도 마찬가지다.

❷ 요약 혹은 각색한 판타지·추리소설

이해하기 쉽게 편집되었다는 이 책들은 대부분 원작을 훼손해가면서 추리력의 기본을 망가뜨리는 희한한 발상으로 만들어진 괴물들이다. 다루는 내용이 잔혹하고 부도덕해서 성인전유물로 출판된 이런 장르 책들이 아이들의 추리력 향상을 위한다는 미명 아래 읽히고 있다. 그러나 원작을 훼손한 이런 작품들은 이미 올바른 추리력을 가지도록 돕는 기능을 상실했다고 하겠다. 이런 책들을 주로 내는 출판사에서는 편집자들이 윤문을 하는 작가에게 마음대로 대사를 바꾸게 하거나 없는 일화를 삽입해 달라고 떼를 쓰기도 하고, 가장 중요한 실마리를 빼라고 주문하기도 한다. 이렇게 되면 어린이들에게 원작을 쉽게 읽도록 배려한다는 명분은 사라지고, 자극적인 소재로 어린이의 흥미를 유발함으로써 책을 가능한한 많이 팔아먹겠다는 저의를 드러내는 판국이 되는 것이다.

어린이를 위해 쓴 책이 아니면 어린이에게 굳이 읽힐 필요가 없다. 반면 성인 소설가들의 작품이라고 해서 어린이들이 다 읽지 못하는 것은 아니다. 그들은 독자의 연령대를 불문하고 자신의 주제를 가장 잘 부각시킬 수 있는 문체를 선택해서 글을 쓴다. 이런 문호들이 쓴 글이 어린이이 읽기에 적합하다면 있는 그대로 읽히면 된다. 예를 들어 고골리Nikolai

Vasilievich Gogoli나 체호프Anton Pavlovich Chekhov, 톨스토이Lev Nikolayevich Tolstoy 등
이 쓴 작품은 어린이들에게 훌륭한 문학교재가 된다.

책을 구입하는 몇 가지 방법

1 첫 번째 경로: 대형서점 및 동네서점

아주 고전적인 구입 방법이다. 대형서점은 다양한 책이 구비되어 있어
좋고, 동네서점은 품종은 많지 않지만 대개 할인율이 높거나 구입금액을
적립해주는 비율이 높아 장점이 있다. 대형서점의 또 다른 좋은 점은 한
눈에 출판계의 흐름을 잘 알 수 있다는 점이다. 하지만 출판업에 종사하
는 사람이 아닌 경우 굳이 책의 흐름을 파악하고 발 빠르게 대응할 필요
는 없다. 이런 시류에 휘말릴 경우 쓸데없는 책을 충동적으로 구매하게
된다.

대형서점에는 외국서적이 다양하게 비치되어 있어서 외국서적을 사려
는 사람은 이곳을 이용하면 좋다. 또 카페식으로 책을 읽을 수 있도록 자
리를 마련하고 있어 책을 가까이하기에는 좋은 곳이다. 하루를 할애해서
자신이 구입하고 싶은 분야의 책을 대부분 비교·검토해 보고 가장 좋은
것을 고를 수 있다는 장점이 있다.

2 두 번째 경로: 인터넷 서점

인터넷 서점의 가장 좋은 점은 가격이 매우 합리적이라는 것이다. 대
개 정가의 10~30퍼센트를 할인해준다. 그리고 인터넷이라 직접 책을 확

인할 수 없다는 결점을 보완하기 위해 책 정보와 서평 등이 대형서점의 인터넷 홈페이지보다 훨씬 자상하고 유용하다. 회원들의 블로그를 통해 책에 대한 다양한 평을 제공하는 것도 큰 이점이다. 유일한 단점은 배송 문제인데, 최근에는 당일 배송도 가능해졌으므로 전보다는 많이 개선된 편이다. 그럼에도 불구하고 대형서점보다 불리한 것은 이미 언급한 대로 다양한 서평만으로는 동종의 다른 책들과 비교·검토하기가 수월치 않다는 점이다.

인터넷 서점으로는 알라딘을 비롯해서 yes24, 반디앤루니스 등이 있다. 쇼핑몰인 옥션, G마켓 등에서도 도서를 판매한다. 하지만 이곳에서는 공동구매 등을 통해 책을 싸게 공급하는 반면 창고에 쌓아둔 것처럼 오로지 가격 경매 등의 이벤트를 벌일 뿐 책에 대한 정보는 제대로 제공하지 않는다. 아주 잘 아는 책이라면 가격 경쟁력이 있는 이런 곳에서 구입하고, 그렇지 않다면 대형서점이나 알라딘 등 믿을 만한 인터넷 서점에서 구입하는 것이 좋겠다.

❹ 세 번째 경로: 종로 5가 헌책방 골목과 책 도매상 골목

종로 5가에 가면 정가의 2분의 1 이하로 책을 구할 수 있는 도매상들이 즐비하다. 이들 책방에는 전집류에서 단행본까지 책들이 사방에 발 디딜 틈 없이 쌓여 있고, 천장까지 닿아 있는 서가는 사다리를 타고 올라가야 할 정도로 높다. 남의 나라 벼룩시장에도 관광을 가는 세상인데 우리나라의 이런 명물거리를 놓치면 손해다. 지갑이 얇지만 좋은 책을 구하려는 독자는 벼룩시장과 다름없는 종로 5가 도매상가를 가보라고 권하고 싶다. 특히 어린 자녀 때문에 독서 강의에 관심이 있는 독자라면 꼭 가볼 만하다. 어린이용 책이나 전집류들은 찾기도 쉽고 다양하며 정말 싼값에 구입할 수 있기 때문이다. 그러나 정성 들여 한권 한권 펴내는 단행본들을 다양하게 구입하기가 어렵다.

또 한 가지 나쁜 점은 각 서점마다 개성이 강해서 어떤 서점에서는 주로 어린이용 책을 다루는가 하면 또 어떤 서점에서는 수험서적을 다룬다. 대형서점의 코너들을 하나하나 독립시켜 거리 양쪽에 점포를 낸 형국이다. 대형서점은 원래 이 골목에서 힌트를 얻어 '한 자리에서 다양한 책의 쇼핑을~!' 정도의 카피를 내걸고 처음 생겼던 것으로 기억한다. 여름이나 겨울에는 날씨 때문에 오랫동안 서점가를 돌기 힘들다는 것도 이들이 일반고객보다는 군소서적 배급상들과 주로 거래하는 원인이 되고 있다.

그러나 희귀도서를 찾는 사람은 인터넷 중고서점보다는 이 골목을 찾기 바란다. 인터넷 중고서점에서는 어지간히 부지런한 운영자가 아니면 자신이 가진 모든 종류의 상품을 인터넷상에 바로 노출하기가 힘들기 때문이다. 그리고 손때 묻은 그 책의 상태를 확인할 수 있는 길이 없다. 요즘 책들이 화려하기는 하지만 소장가치가 있는 책들은 오히려 예전에 더 많이 만들어졌다는 게 필자의 생각이다. 따라서 감히 이 헌책방 골목을 자주 이용하라고 권하고자 한다.

어떤 책을 골라야 공부하기 좋을까?

❶ 학습서

학습서의 선택에 대해서는 독자가 얼마만큼의 시간을 투자해서 어떤 성과를 내려는지를 알아야 일괄적인 조언이 가능하다. 예를 들어 시험이 얼마 남지 않은 수험생이라면 가능한 한 얇으면서도 많은 것을 쪽지식으로 정리한 후 기본 문제는 다 빼고 응용이 되어 자칫 문제를 풀어보지 않으면 틀릴 것들만 모아놓은 학습서를 선택하면 투자한 시간에 비례해 득점률이 높아진다.

그러나 예를 들어 고등학교에 진학하는 시점의 학생이 영어나 수학을 정복하기 위해 책을 고른다면 사정은 좀 달라진다. 국민 영어자습서라고 할 수 있는《성문 영어》시리즈를 예로 든다면《성문 기본영어》라는 얇은 책과《성문 종합영어》라는 두꺼운 책의 두 종류가 나오는데, 얇은 책의 경우 책의 글씨가 조금 크고 빨리 한 번 읽을 수 있어서 성취감을 느낄 수 있다.

반면 예문 한두 가지로 문법 설명을 하다 보니 원리를 이해시키는 면이 부족해서 오히려 쉽게 보이는 이 책을 들여다볼 때 도무지 무슨 말을 하는지 모를 때가 있다. 모르는 사람일수록 자세한 설명을 읽어야 이해가 쉽다. 그러나 책의 두께에 질려 더 이상 공부하고 싶지 않을 때가 있다. 이럴 때는 공부방법을 달리하면 된다. 우선 문법 설명과 그 설명에 대한 문제만 풀면서 한 권을 다 본 다음 다시 읽을 때에 번역과 작문 문제를 푸는 것이다. 세 번째 볼 때에는 모든 단어와 문법을 외면서 지나간다. 이렇게 세 번만 《성문 종합영어》를 독파한다면 최소한 20년간 기억에 남아 있으리라고 자신 있게 말할 수 있다. 《수학의정석》 시리즈도 마찬가지 방법이 가능하겠다.

2 교양서

교양이란 참 광범위한 뜻을 가진 말이다. 따라서 교양서를 추천해달라고 할 때가 가장 난감하다. 누군가 내게 교양서적에 대해 물어올 때 나는 그 사람에게 반문한다.

"어느 분야의 교양인이 되고 싶으세요?"

교양이란 치밀하고도 치열하게 계획적으로 채우지 않으면 아무리 시간을 많이 할애해도 충족시킬 수 없을 만큼 광범위한 분야를 아우른다. 이 넓은 분야의 정수만을 담고 있는 책을 엄선해 한 사람의 서가를 채우는 데 조언을 할 수 있는 사람은 교양인이 아니라 교양전문인이라고 부르고 싶다. 그만큼 교양 있는 사람이 되려면 다양한 분야의 많은 책을 읽어야 한다. 그중에서도 문학과 철학은 교양이라는 말에 거의 필수적으로 갖추어야 할 기본 소양을 연마해주는 분야다. 문학과 철학은 정치, 경제, 사회, 문화의 각 분야와 거미줄처럼 얽혀 있다. 그러므로 한마디로 어떤 교양서적을 읽으라고 하기가 어렵다.

그런 이유로 각 분야에서 필요한 최소한의 교양서적 목록을 218페이지에 표로 만들어 첨부했다. 이들의 면면을 간단히 요약하자면 다음과 같다.

첫째, 교양서적에는 삶에 대한 인류의 오랜 통찰을 집약해 보여주는 고전문학 작품들이 포함되어 있다.

둘째, 인간의 정신적 발전의 맥을 이어온 시대별 대표 철학자들의 저서들이 포함된다.

셋째, 이 세상이 생겨나 오늘날에 이르기까지의 궤적을 이루는 자연사 및 세계사와 각국의 역사책 등이 있다.

넷째, 정치·경제·사회·문화 전반의 현상을 설명해주는 서적들이 포함되었다.

사전

■ 각종 종이책 사전

'두께가 얇은 사전은 휴지통에 넣어라' 부분에서 설명한 바 있어 여기서는 간략한 원칙만 제시하고 가려 한다. 예전에 책 선택 방법을 묻는 사람에게 '사전은 꼭 필요한 단어를 추린 얇은 것과 가능한 한 많은 예문과 적절한 용례를 가진 두꺼운 것, 두 가지를 사라'고 조언했었다. 그래서 얇은 사전은 들고 다니면서 공부하고 두꺼운 사전은 작문과 번역을 위해 집에 비치해두라고.

그러나 지금은 두꺼운 사전만 준비할 것을 권한다. 두꺼운 사전을 얇은 사전처럼 사용하는 방법은 여러 가지가 있기 마련이지만, 얇은 사전은 두꺼운 사전의 기능을 도저히 흉내 낼 수 없다. 얇은 사전 정도의 역할을 하는 뜻 찾기 기능은 스마트폰뿐만 아니라 이미 피처폰에도 있고, 각종 인터넷 포털 사이트에서도 같은 자료를 제공하고 있다. 따라서 사전 편찬에 권위 있는 출판사에서 나온 전통 있는 두꺼운 사전을 사되, 신제품일수록 꼼꼼하게 확인해야 한다.

언젠가 Y대학 출판부에서 야심작으로 내놓은 최신 사전을 산 적이 있다. 그런데 수십 페이지에 달하는 단어가 빠져 있었을 뿐만 아니라 정서도 엉망이고, 심지어는 틀린 예문까지 있었다. 대개 대학 출판부에서 신제품이라는 것을 내놓을 때 이런 일이 발생하는데, 저자라고 이름을 내건 책임교수님들이 뒷짐 지고 앉아 있는 동안 대학원생까지 총동원 된 출판부에서는 몇 년 새에(사전 편찬에서 몇 년은 날림공사와 같다) 서둘러 펴내기 때문이다. 도제식 구조로 되어 있는 한국의 대학에서 그 노력봉사에 돈을 받고 동원되는 학생은 극히 일부이며 훗날의 운명을 이 교수님들에게 저당 잡힌 강사들 역시 푼돈 받고 밤샘 작업에 동원되곤 한다. 자연히 이들은 목숨 걸고 교정에 뛰어들지 않는다. 사전이 잘 만들어지면 이름을 건 교수님의 명성이 올라가는 것이요, 못 만들어도 수없이 많은 강제노역자 중 한 사람인 자신이 혼자 책임질 염려는 없기 때문이다.

❷ 포털사이트의 사전

포털사이트는 자신들이 보유한 각종 정보와 콘텐츠 계약을 맺은 타 기관이 제공하는 내용을 종합해서 그런대로 충실한 사전 서비스를 제공하고 있다. 네이버, 다음, 네이트 등의 포털은 기본적으로 한국어를 비롯해 영어, 중국어, 일어 등의 사전 검색 서비스를 제공한다.

백과사전의 경우 다음은 브리태니커 사전, 위키한국어백과 등과 그 외 전문 콘텐츠 제작회사와 제휴한 자료의 내용을 제공한다. 네이트는 민족문화대백과와 브리태니커 사전의 내용을, 네이버는 민족문화대백과와 두산동아백과사전의 내용을 제공한다. 그중에서도 유학생들과 해외에 거주하는 동포들이 최고의 예문과 설명을 구비했다고 평가하는 것이 바로 네이버 영어사전이다. 네이버는 영어, 한국어, 중국어, 일본어뿐만 아니라 다른 포털에는 아직 없는 프랑스어 사전, 베트남어, 터키어 사전까지 완성한 상태이고 그 외 외국어 서비스로 영역을 확장하는 중이다.

한 포털이 이런 서비스를 제공하면 경쟁력을 위해 다른 서비스도 곧 뒤를 따르게 된다. 네티즌들에게는 희소식이다. 컴퓨터가 눈앞에 있는 경우 이런 포털의 사전 서비스를 사용하면 종이로 된 무거운 사전을 찾는 것보다 훨씬 편리할 것은 자명한 사실이다. 그러나 한 나라 언어의 체계, 문법, 알파벳과 같은 기초 자모를 이루는 글자들로 대변되는 그 나라만의 언어체계에 대해서는 무지해질 확률이 높다. 학생들은 단어를 이루는 각 철자의 발음과 발성기관에 대한 무의식중의 언어교육 기회를 놓칠 수 있다. 뿐만 아니라 첫 글자, 바로 뒤에 오는 글자, 또 그 다음에 오는 글자의 조합을 머리로 계산하면서 재빠르게 사전을 찾는 행동은 두뇌의 회전을 활발하게 하여 지능발달을 돕는 효과도 부수적으로 얻을 수 있다. 하지만 인터넷 사전을 찾는 순간 이런 부수적 효과는 사라진다. 한 순간의 장면으로 지나치는 것보다 전에 찾아보았던 단어를 떠올리면 자기 사전의 한 페이지 안에서 눈을 통해 동시에 각인되었던 전후에 위치한 단어들에 대한 기억 등이 해당 언어의 실력을 높이는 데 일조한다는 사실은 사전을 필수 휴대품으로 생각하던 세대들만이 느끼는 특별한 감각이다.

청소년들이 언어를 습득하는 시점의 초반에는 특히나 반드시 종이로 된 사전을 구입해 사용하라고 권하고 싶다. 어느 정도 그 언어에 대한 윤곽이 잡혔을 때 비로소 사전제공 서비스를 이용하는 것이 바람직하다고 본다.

■ 한국 사상 및 역사서

제목	저자	지역	갈래
대승기신론소	원효	한국사상	불교철학
삼국유사	일연	한국역사	역사
징비록	유성룡	한국역사	역사
성호사설	이익	한국사상	실학
택리지	이중환	한국사상	인문지리
목민심서	정약용	한국사상	정치·사회
북학의	박제가	한국사상	실학
의산문답	홍대용	한국사상	과학, 철학
매천야록	황현	한국역사	역사
한국통사	박은식	한국역사	역사
조선상고사	신채호	한국역사	역사

■ 세계 사상 및 역사서

제목	저자	지역	갈래
중용	자사	중국사상	유교철학
도덕경	노자	중국사상	도교철학
장자	장자	중국사상	도교철학
한비자	한비자	중국사상	법가철학
사기열전	사마천	중국역사	역사

법구경	법구	인도사상	불교철학
역사	헤로도토스	그리스역사	역사
국가	플라톤	그리스사상	철학
정치학	아리스토텔레스	그리스사상	정치
의무론	마르쿠스 키케로	로마사상	윤리
게르마니아	푸블리우스 타키투스	로마역사	역사
고백록	아우렐리우스 아우구스티누스	로마사상	기독교철학
군주론	니콜로 마키아벨리	이탈리아사상	정치
유토피아	토머스 모어	영국사상	정치
전쟁과 평화의 법	후고 그로티우스	네덜란드사상	법학
두 우주구조에 관한 대화	갈릴레오 갈릴레이	이탈리아사상	천문학
방법서설	르네 데카르트	프랑스사상	철학
리바이어던	토머스 홉스	영국사상	정치
프린키피아	아이작 뉴턴	영국사상	물리학
정부론	존 로크	영국사상	정치
법의 정신	샤를 몽테스키외	프랑스사상	정치, 법학
사회계약론	장 자크 루소	프랑스사상	정치
범죄와 형	체사레 베카리아	이탈리아사상	법학
국부론	애덤 스미스	영국사상	경제
형이상학서설	이마누엘 칸트	독일사상	철학
역사철학강의	게오르크 헤겔	독일사상	철학
미국의 민주주의	알렉시스 토크빌	프랑스사상	정치
실증철학 강의	오귀스트 콩트	프랑스사상	사회
권리를 위한 투쟁	루돌프 폰 예링	독일사상	법학
종의 기원	찰스 다윈	영국사상	생물학
자유론	존 스튜어트 밀	영국사상	정치
꿈의 해석	지그문트 프로이트	오스트리아사상	정신분석학

창조적 진화	앙리 베르그송	프랑스사상	철학
아동지능의 근원	장 피아제	스위스사상	심리학
자본주의·사회주의·민주주의	조지프 슘페터	오스트리아사상	사회과학
예종에의 길	프리드리히 하이에크	오스트리아사상	사회과학
심리학과 종교	카를 융	스위스사상	심리학
지각의 현상학	모리스 메를로-퐁티	프랑스사상	현상학
생명이란 무엇인가	에어빈 슈뢰딩거	오스트리아사상	물리학
철학적 성찰	루트비히 비트겐슈타인	영국사상	철학
시각예술에서의 의미	에르빈 파노프스키	독일사상	미술사
인식과 관심	위르겐 하버마스	독일사상	철학
부분과 전체	베르너 하이젠베르크	독일사상	양자역학
지식의 고고학	미셸 푸코	프랑스사상	고고학
과학혁명의 구조	토머스 쿤	미국사상	자연과학
정의론	존 롤스	미국사상	철학
정의란 무엇인가	마이클 샌델	미국사상	정치, 철학

❸ 한국 고전 및 현대 문학

제목	저자	지역	갈래
구운몽	김만중	한국문학	고대소설
수이전	미상	한국문학	한문 설화
열하일기	박지원	한국문학	중국견문기
홍길동전	허균	한국문학	고대영웅소설
춘향전	미상	한국문학	판소리계소설
혈의 누	이인직	한국문학	신소설
무정	이광수	한국문학	장편소설
임꺽정	홍명희	한국문학	대하역사소설
삼대	염상섭	한국문학	가족사소설

무영탑	현진건	한국문학	장편역사소설
상록수	심훈	한국문학	농촌계몽소설
탁류	채만식	한국문학	세태소설
감자 외	김동인	한국문학	자연주의소설
카인의 후예	황순원	한국문학	장편소설
님의 침묵	한용운	한국문학	시
김소월전집	김소월	한국문학	시
정지용전집	정지용	한국문학	시
윤동주전집	윤동주	한국문학	시
칼의 노래	김훈	한국문학	장편소설
남한산성	김훈	한국문학	장편소설

▣ 세계 고전 및 현대 문학

제목	저자	지역	갈래
시경	미상	중국문학	시가
산해경	미상	중국문학	신화
삼국지연의	나관중	중국문학	장편소설
수호전	시내암	중국문학	장회소설
서유기	오승은	중국문학	장회소설
아큐정전	노신	중국문학	중편소설
원씨물어	무라사키 시키부	일본문학	장편소설
도련님	나쓰메 소세키	일본문학	장편소설
기탄잘리	라빈드라나트 타고르	인도문학	시집
천일야화	미상	아랍문학	구전모음
변신	푸블리우스 오비디우스	로마문학	설화시
일리아드	호메로스	그리스문학	장편서사시
오디세이	호메로스	그리스문학	장편서사시

신곡	알리기에리 단테	이탈리아문학	장편시
데카메론	조반니 보카치오	이탈리아문학	소설
오만과 편견	제인 오스틴	영국문학	소설
위대한 유산	찰스 디킨스	영국문학	소설
젊은 예술가의 초상	제임스 조이스	아일랜드문학	소설
홍글씨	너대니얼 호손	미국문학	소설
허클베리 핀의 모험	마크 트웨인	미국문학	소설
무기여 잘 있거라	어니스트 헤밍웨이	미국문학	소설
음향과 분노	윌리엄 포크너	미국문학	소설
수상록	미셸 몽테뉴	프랑스문학	산문
타르튀프 외	몰리에르	프랑스문학	희극
페드르 외	장 라신	프랑스문학	비극
고백록	장 자크 루소	프랑스문학	자서전
캉디드 외 철학적 콩트	볼테르	프랑스문학	소설
보바리 부인	귀스타브 플로베르	프랑스문학	소설
잃어버린 시간을 찾아서	마르셀 프루스트	프랑스문학	소설
구토	장 폴 사르트르	프랑스문학	소설
페스트	알베르 카뮈	프랑스문학	소설
파우스트	요한 괴테	독일문학	소설
마의 산	토마스 만	독일문학	소설
말테의 수기	라이너 릴케	독일문학	소설
수레바퀴 아래서	헤르만 헤세	독일문학	소설
성	프란츠 카프카	독일문학	소설
서푼짜리 오페라	베르톨트 브레히트	독일문학	희곡
양철북	귄터 그라스	독일문학	소설
돈 키호테	미겔 데 세르반테스	에스파냐문학	소설
백 년 동안의 고독	가브리엘 마르케스	콜롬비아문학	소설

인형의 집	헨리크 입센	노르웨이문학	희곡
유령	헨리크 입센	노르웨이문학	희곡
미스 줄리	요한 스트린드베리	스웨덴문학	희곡
아버지	요한 스트린드베리	스웨덴문학	희곡
카라마조프 형제들	표도르 도스토옙스키	러시아문학	소설
안나 카레니나	레프 톨스토이	러시아문학	소설
아버지와 아들	이반 투르게네프	러시아문학	소설
어머니	막심 고리키	러시아문학	소설
개를 데리고 다니는 여인	안톤 체호프	러시아문학	소설
대비극	윌리엄 셰익스피어	영국문학	희곡
걸리버 여행기	조너선 스위프트	영국문학	산문
장미의 이름	움베르토 에코	이탈리아문학	소설
푸코의 진자	움베르토 에코	이탈리아문학	소설
방드르디 태평양의 끝	미셸 투르니에	프랑스문학	소설

책 정리하기
간단의 정보와 함께 도서를 분류하자

어느 해안가 마을에서 슈퍼마켓을 운영하는 한 할머니는 주위 동년배 친구들이 모두 치매에 걸렸을 때 혼자만 무사했다고 한다. 모 방송국의 취재 결과 비결은 기록에 있었다. 한글을 겨우 깨칠 정도의 교육만 받았던 할머니는 평생 기록을 하면서 살았다. 시골에서 흔히 있는 외상을 줄 때도 '몇 월 며칠 뒤 집에서 담배 몇 갑'이라고 적고 그 전후에 있었던 사건을 같이 적었다고 한다. 이렇게 할머니가 쓴 메모는 아이들이 쓰다 남긴 공책, 폐지 등 알뜰하게 모인 종이들에 빼곡하게 들어차 사과 박스 몇 개 분량으로 남았다. 동네 사람들은 궁금한 일이 생기면 그날이 며칠이었는지 할머니에게 와서 묻곤 했다. 그러면 할머니는 온 동네 사람들의 경조사를 챙기고 무슨 일이 있었는지를 하나하나 찾아가면서 기억시켜주는 역할을 했다.

도서구매일지, 독서일지를 쓰자

젊은 시절 다른 것은 모르지만 기억력 하나는 누구에게도 뒤지지 않을 자신이 있던 필자는 어느 날 필요한 책을 사 들고 집으로 갔다. 그 책을 다 읽은 후 책장에 꽂으려고 서가를 정리하다가 똑같은 책을 한 권 더 발견하게 되었다.

곰곰 생각해보니 몇 해 전에도 참고문헌으로 쓰기 위해 대형서점에서 샀던 기억이 떠올랐다. 생체 컴퓨터인 우리 두뇌는 효율의 극대화를 위해 기억해야 할 정보가 넘쳐나고 나이를 먹어 뇌세포가 노화됨에 따라 최근에 쓰지 않고 쌓아두었던 기억은 지우는 경향이 있다. 누구도 자신의 두뇌를 100퍼센트 믿어서는 안 되며 기록을 해두는 습관은 중요한 순간 자료로서의 효용가치만 있는 것이 아니다. 갈수록 쇠퇴해가는 뇌를 훈련시키는 수단으로도 좋은 것이다. 자신의 평생 독서활동을 재구성해본다는 의미도 있고 쇠퇴해가는 우리의 기억력을 보완하기 위해 책 구입일지를 기록할 것을 추천한다.

구입일지를 쓸 때는 간단하게 구입 날짜, 구입 장소 등을 써두는 것도 좋지만 당시 어떤 계기와 필요에 의해 그 책을 샀는지, 지불수단은 현금이었는지 카드였는지, 또 누구와 언제쯤 갔는지도 간단하게 기록해두는 게 좋다. 또 독서를 끝낸 다음에는 완료한 날짜를 기입하고, 혹시 읽다 말았으면 간단한 이유, 예를 들어 '재미없음', '어려워서 이해가 안 감' 등등의 내용을 적어두도록 한다. 이런 습관은 해당 책에 대한 정보뿐만 아니라 그 외 생활에서도 유용한 정보로서 위력을 발휘하곤 한다.

소장도서를 분류해보자

책을 분류하는 가장 좋은 방법은 도서관 사서가 정리하듯이 책을 일정한 분류에 따라 꽂는 것이다. 그러나 대학원 과정에서 3년간 공부해야 겨우 습득하는 전문적인 도서 분류 방법을 일반인인 우리가 따라 하기에는 무리가 따른다. 어차피 소장도서는 1차적으로 자기 자신이 관리해야 하므로 자기만의 정리 방법이 필요하다.

나만의
책 정리법

서가를 정리하는 노하우에는 여러 가지가 있다. 아래는 그 각 경우에 대한 성적표다. 검색의 용이성과 타인에게도 편리함을 주는가가 평가의 기준이다.

1 A+

카테고리별로, ㄱ, ㄴ, ㄷ 혹은 A, B, C순으로 꽂는다. 나만이 아니라 누구라도 책이 속하는 분야를 알면 철자순으로 찾을 수 있어 필요할 때 쉽게 찾을 수 있다.

2 A0

카테고리별로 정리한다. 개인이 소장한 서적은 대저택을 가지지 않은 경우 1만 권을 넘기기가 어렵다. 따라서 카테고리별로 책을 정리해두면 몇 분가량의 시간을 투자하고 쉽게 원하는 책을 발견할 수 있다.

3 A-

책의 크기, 색깔, 종류에 따라 보기 좋게 꽂는다. 대개 출판사순으로 분류하게 된다. 한 출판사의 책들은 인터넷 등으로도 검색할 수 있으므로 어느 출판사에서 나온 책인지만 알면 쉽게 정보를 찾을 수 있고 눈에 띄기 쉽다. 또 자신이 읽었던 책의 표지를 기억하는 경우 보다 빨리 찾을 수 있다. 하지만 다른 사람에게는 이용이 그리 쉽지 않은 방법이다.

❹ A+이거나 B+이거나

자신만의 책 꽂기 방법이 될 수 있다. 읽은 순서, 혹은 구입 순서대로 꽂아서 독서 일기장을 보면 어디쯤 있는지 금방 파악이 되는 정리법이다. 개인을 위해서는 가장 좋은 방법이다. 단, 거실처럼 남의 눈에 띄는 곳에 놓인 책장에는 출판사별, 색깔과 크기별로 놓는 것이 보기에 좋다. 대개 남에게 과시하는 것을 즐기는 부모님 세대의 책 정리법이다. 유난히 전집이 많은 것도 특징이다. 그러나 실용성과 자신만의 기억을 되살리기에는 'A+거나 B+거나'의 방법을 추천한다. 또 다른 사람들도 함께 책장을 공유하거나 누군가에게 개가식으로 개방해서 책을 빌려줄 기회가 많은 사람이라면 'A+'의 방법을 쓰는 게 무난하다.

필요 없는 책 처분하기
필요한 누군가에게 잘 넘겨주자

음란물이나 범죄 노하우가 적힌 책이 아니라면 필요 없는 책은 없다. 오히려 책은 시간이 지나면 지날수록 그 타임캡슐적인 기능에 의한 역사적 가치 때문에 소장가치가 늘어난다고 할 수 있다. 그럼에도 불구하고 평생을 살다 보면 사람이 살아야 할 집에 책들이 들어차 쪽잠을 잘 수밖에 없는 형편에 처하기도 한다. 공부를 해본 사람은 시간이 갈수록 소장 도서들이 계륵鷄肋과 같은 존재임을 깨닫게 될 것이다. 버리자니 아깝고 두자니 발 디딜 곳이 없고. 이사라도 가게 되면 엄청난 투자를 해야 한다. 대개 정리해야 할 책이 많으면 이삿짐센터의 견적담당 직원은 값을 더 부른다. 요행히 같은 가격에 협상을 하더라도 최고급 이삿짐 업체가 아닌 한 짐을 옮기는 과정에서 몽니를 부린다. 결국 거나한 점심에 술값에 사우나비에 수고비까지 얹어주다 보면 할인받은 돈보다 지불한 돈이 배로 들게 된다.

계륵과 같은 이 책들을 어떻게 할 것인가? 책이 그동안 베풀어준 지식의 가치만으로도 이미 우리는 축복을 넘치게 받았다. 그러므로 다음에는 누군가에게 또 유용한 일을 하도록 기회를 열어주는 것은 작은 선행이 될 것이다. 이 책을 필요한 사람을 찾아 잘 넘겨주는 방법도 쉽지는 않다.

도서관에 기증하기

가장 좋은 방법임에도 불구하고 실현되기는 어렵다. 언젠가 영등포 부근에 소재한 한 도서관에서 멀쩡한 책들을 트럭에 실어 폐기장으로 가져가기에 지역주민들에게 싼값에 팔라고 제안했다가 거절당한 적이 있었다. 행정절차상 도서관에서 퇴출되는 책은 일반인에게 주어서는 안 되고 반드시 폐기해야 한다는 것이다. 이는 반드시 고쳐야 할 관행이다. 이런 횡포가 어디 있는가. 국민의 혈세로 구입한 책을 트럭으로 실어 가서 폐기시키다니. 돈을 받고 처분을 약속한 회사 측에서 도서관이 원하는 대로 폐기를 했는지 여부를 검증할 방법도 없다는 데 더 큰 문제가 있다. 그 책을 폐기하는 이유는 더욱 기가 찰 노릇이었다. 발행된 지 10년이 지난 책은 모두 그렇게 색출해내서 폐기한다는 것이다. 한번은 소장 도서 5천 권 가량을 그 도서관에 기증하려다가 발행된 지 10년이 넘은 책이 반이라는 이유로 거부당하기도 했다. 이런 경우 도서관의 존재 이유 자체가 성립되지 않는다. 발행된 지 10년 이내의 책은 인터넷으로도 쉽게 구할 수 있고 일반 서점에서도 돈만 있으면 구입할 수 있는 것들이다. 도서관은 돈으로 살 수 없는 책도 찾아볼 수 있기에 존재가치가 있다. 따라서 그런 기능을 하지 못하고 유행하는 신간이나 빌려주기 위해 존재하는 도서관이라면 건물 유지비며 직원들의 월급을 지불하는 낭비를 하지 말고 지역의 책 대여소에 대출을 해주는 편이 유용하다.

그럼에도 불구하고 소장한 도서의 대부분이 국보급 혹은 희귀본이라면 도서관 기증을 알아보기 바란다. 그래도 대한민국 국민의 학문증진을 위해 세워진 유서 깊은 도서관은 가능한 한 받아주려고 노력하기 때문이다.

차고Garage 세일하기

자신에게 필요 없거나 집이 좁아 부득이하게 책을 처분해야 할 때는 자신의 차고나 집 앞에 가판대를 설치하고 책을 저렴한 가격에 판다. 이때 직장인은 같은 분야에서 일하는 동료에게, 학생인 경우 친구들에게 미리 공고를 해서 필요한 사람의 손에 저렴한 가격으로 들어갈 수 있게 하면 더욱 좋다. 요즘은 이런 개라지세일이 한국에서도 꽤 유행이므로 한번 시도해볼 만하다.

인터넷 중고상점에 팔기

인터넷을 검색하면 중고상점들이 많다. 이들 상점에 전화를 하면 책을 착불로 보내달라고 한다. 책 한 권의 가격을 싸게나마 계산해서 지불하고 때로는 한 권을 내놓고 가지고 싶은 다른 책을 선택하라고 하는 경우도 있다. 신간 한 권을 주면 오래된 책 두세 권으로 바꿔주는 경우도 있다.

책 구매가 어려운 도서   지방 관계기관에 기증하기

어린이를 위한 책은 어린이를 위한 책대로, 청소년을 위한 책은 청소년을 위한 책대로, 연령별, 직업별로 분류해서 각 지방에서 책 구매예산이 부족해 도서 부족에 시달리는 기관에 기증하는 방법이 있다. 이런 곳은 '택배비 착불'을 유일한 조건으로 기증해도 보람이 있다. 누군가에게 그 책들이 다시 한 번 유용하게 쓰일 것이므로. 정말 가난한 사람들을 대상으로 대여문고를 운영하고 있는데 책을 구입할 돈이 없는 곳이 있다면 어느 정도 여유가 있는 경우 택배비까지 부담해서 보내주자.

자신이 쓴 글 정리하기
내가 쓴 글은 나의 역사가 된다

독서가 인풋이라면 글쓰기는 아웃풋이다. 자신이 쓴 글은 당시의 한 역사가 되며 정신발달사의 기록물이 된다는 점에서 귀중하다. 그것이 걸작일 필요도 없다. 자신의 한 역사가 되기 때문이다. 살다 보면 이런저런 곳에서 원고청탁을 받고 기고를 하게 된다. 때로는 그게 학보사일 때도 있고 사보일 때도 있다. 어딘가에 실렸으므로 나중에라도 언제든 그 자료를 찾을 수 있다고 생각하면 오산이다. 세계기록문화유산으로 등록된 《승정원일기》나 《조선왕조실록》 등을 가진 우리나라이지만, 어려운 시기를 거치면서 물질숭배 사상에 찌들게 되었는지 언젠가부터 한국인은 기록문화를 소홀히 하고 있다. 또 우리의 건망증도 한몫해서 세월이

20~30년씩 흐르다 보면 가장 그리워하는 시절의 기록을 모두 잃어버릴 때가 있다.

자신이 쓴 글을 자기 자신보다 더 아끼고 보관해줄 사람은 세상에 없다. 따라서 기억력이 좋은 젊은 시절부터 학교문집이나 사보, 학보 등 그 어느 것에 실린 글이라도 소홀함이 없이 모두 수록, 날짜와 매체를 적어 모아두는 버릇을 들이자. 이는 개인사이며 자서전의 기초가 된다. 언제나 자서전을 쓰겠다는 마음으로 살면 삶의 한순간 한순간을 더 가치 있게 보낼 수 있다.

어디 실리지 않았더라도 글을 쓴 후에는 반드시 날짜를 표기한 후 보관해야 한다. 컴퓨터에 저장했다고 안심하면 안 된다. 컴퓨터는 기계이기 때문에 망가지면 그 안에 기록한 모든 것이 사라지기 때문이다. 필자도 컴퓨터가 도입된 초기에 하드디스크의 이상으로 보물 같은 원고를 수없이 잃어보았다. 따라서 하드디스크나 USB에 저장되었더라도 판독불능인 상태가 올 것에 대비해서 반드시 한두 부는 출력해 보관하는 게 좋다.

책은 왜 읽는가

대부분의 사람들에게 독서의 문제가 처음으로 제기되는 시점은 학생 신분을 얻게 되었을 때다. 학생이 다독과 속독을 탐하는 이유는 남보다 책 속에 있는 내용을 빨리 받아들여 그 결과 대외적인 경쟁력을 갖추기 위해서다. 독서와 공부는 떼려야 뗄 수 없는 관계에 있다. 독자 여러분이 책을 읽으면 읽을수록 깨닫는 게 있을 것이다. 독서란 안구운동을 통해 글씨를 받아들이는 것이 아니라, 저자와 사상을 공유하고 때로는 저자의 논리에 반박도 하면서 자신을 키워가는 과정이라는 사실을 말이다.

공부 역시 자기 자신을 단련시켜 키우는 과정이다. 이렇게 우리 영혼에 한권 한권 쌓인 책은 어느 시점에 다다르면 궁극적인 질문을 제기한다.

"독서와 공부는 왜 하는가?"

우리 대부분은 이제껏 일신의 양명만을 위해 공부해왔다. 일등을 하기 위해서, 좋은 대학에 가기 위해서, 좋은 직장을 얻어 잘 먹고 잘 살기 위해서……. 공부를 잘하면 각종 자격증을 따거나 좋은 학교, 좋은 직장을 얻을 확률이 크다. 그래서 어른들은 공부하기 싫어하는 자녀들에게 "공부해서 남 주냐?"고 다그치곤 한다. 공부의 결실을 얻는 것은 자기 자신, 나아가서 그가 속한 가족이라는 일차적 사회집단이 될 확률이 크다. 하지만 엄격하게 따지면 우리는 공부해서 자신만 가질 수도 없다는 사실을 간과하고 있다.

해는 아무런 대가 없이 자신을 바라보는 사람을 밝힌다. 자신의 성공이 어두운 곳에서 떨고 있는 많은 사람을 밝게 비출 때 그 성공을 비로소 빛이라고 부를 수 있는 이유다. 어떤 사람은 자신의 노력으로 이룬 것을 왜 남들에게 나눠 주어야 하느냐고 억울해 할는지도 모르겠다. 그러나 정말 우리는 우리만의 힘으로 성공한 것일까? 우리가 대학입시를 보는 날 마음껏 실력을 발휘하고 나올 수 있었던 것은 우리에게 실력이 있었기 때문만은 아니다. 일차적으로는 수험기간 동안 한결같이 학교로 출근해 학생들을 지도한 선생님들과 아무리 힘겨워도 직장에 나가 돈을 벌고 집안 살림을 알뜰하게 해준 부모님이 빛을 밝혀주었기 때문이기도 하다. 그러나 그날 도움을 준 것은 선생님이나 부모님만이 아니다. 종일 암흑의 터널이 주는 두려움과 무료함을 극복하는 데 성공한 전동차 운전기사의 덕분일 수도 있다.

우린 이렇게 불특정 다수가 성공한 덕에 우리 자신의 성공을 이룰 수 있었다는 사실을 잊어서는 안 된다. 대중매체가 발달하면서 인터넷 등을 통해 얻은 그 많은 지식은 우리가 의식하지 못하는 사이에 밤을 새워가며 공부한 다른 사람들이 무상으로 기증한 것이다. 매일 누군지도 모르는 타인에게서 도움을 받으며 사는 만큼 우리도 불특정 다수를 대상으로 스스로 이룬 것이 작건 크건 베풀어야 한다. 가진 것을 공유하면 사회는 보다 발전하게 되고 그 발전의 혜택은 결국 내게도 빛이 되어 돌아온다. 공부해서 자기만 가지려는 태도는 세상에서 불협화음을 양산해낼 뿐이다.

애플을 비롯한 외국계 공룡기업이 특허라는 칼을 들고 힘없는 나라, 기업들을 사냥하는 모습을 바라보면서 과연 그들의 칼이 부메랑이 되어 자신들의 목을 겨눌 날이 오지는 않을까 우려하게 된다. 애플은 자사가 가진 작은 특허 하나를 보장받겠다고 온 세상 기업들과 싸우다가 오히려 빠르게 변화하는 세상에 뒤처지게 되었다. 누군가와 싸울 시간과 공력으로 자신이 얻은 결실을 공유하고 발전시켰더라면 결과적으로 더 많은 것을 얻을 수 있었을 것이다. 자신의 것을 무상으로 공유할 때 오는 기쁨과 축복은 누려본 자만이 이해할 수 있다. 이런 기쁨을 이해하는 사람들이 있기에 경제가 어려워져도 자신이 얻은 것의 일부를 기부하는 사람들이 사라지지 않는 것이다. 내 주머니에서 잠자는 지폐 몇 다발은 어떤 이들에게는 삶과 죽음을 가를 수도 있는 돈이다.

빛은 타오르면서 함께 선 사람들의 얼굴을 밝게 비추고 어둠을 몰아낸다. 우리는 '공부해서 남을 줌'으로써 빛과 같은 존재가 되어 인간사회에 만연한 무지와 이기심의 어둠을 몰아낼 수 있다. 그것은 당장은 우리 얼굴을 비출 테지만, 먼 훗날 청소년 독자들이 부모가 되었을 때는 '꿈 찾고 끼 펼치는 행복한 학교'에서 사랑하는 자녀가 보다 따뜻하고 보다 밝게 살아가는 밑천으로 남을 것이다. 그러니 모두 독서를 통해 열심히 공부해서 열심히 남에게 주자!

appendix

WWH / 131의 글쓰기 사례
김을호의 WWH / 131 A4서평

부록 1 | 글쓰기 두려움, 대한민국을 삼키다

'백지 공포증'이라는 단어가 있듯이, 성인 중 65%, 청소년 중 80%가 글쓰기를 두려워하며 작가들도 예외는 없다. 오죽하면 2017학년도 '글 못쓰는 서울대 자연계 신입생 200명 1:1 글쓰기 멘토링 실시'라는 기사가 화두가 되었을까? 글쓰기 두려움, 과연 방법이 없을까? WWH131을 자세히 살펴보면 그 비결이 숨어 있다.

Why : 작가는 왜 이 책을 썼을까?

글쓰기 두려움에는 여러 가지 이유가 있기 마련이다. 이 많은 이유의 종착역은 바로 '어떻게 시작할 것인가?'로 귀결된다. 다시 말해 시작하는 방법만 알아도 글쓰기 두려움은 대부분 사라진다는 말이다. 그런 의미에서 '작가는 왜 이 책을 썼을까?'라는 질문은 작가의 저술목적을 파악함과 동시에 글의 시작을 돕는 일거양득(一擧兩得)의 질문이라 할 수 있다. 따라서 글의 시작을 [이 책의 작가는 ~ 알려주려고 이 책을 저술했다.]와 같이 작가의 저술목적을 언급하는 것으로 시작해보자.

What : 작가는 무엇을 말하는가?

우리는 흔히 책을 읽을 때 三讀을 강조한다. 一讀은 작가를 읽는 것이며 二讀은

텍스트를 읽는 것이다. 一讀을 통해 작가의 저술목적을 기술했다면, 다음은 글의 전반적인 내용이 저술목적에 맞게 전개되었는지 짚어보는 二讀, 즉 '작가는 무엇을 말하는가?'라는 질문에 독서와 글쓰기는 맞닿아 있다. 이 질문의 답을 찾는 과정으로 [이 책의 전반부에서는 ~ 이야기하고 있고, 이 책의 중반부에서는 ~ 이야기를 하고 있으며, 이 책의 후반부에서는 ~ 이야기를 하고 있다.]와 같이 시작과 종결어미의 패턴을 활용해보자.

How : 나에게 어떻게 적용할 것인가?

독서는 삶의 주인공이 '나'임을 알려주는 주체적 행위이며 '나'를 만들어가는 실천적 과정이기도 하다. 하여, 三讀의 마지막은 어떻게 자신에게 적용할 것인지가 핵심이다. 독서를 통해 현재를 비춰보고 미래지향적인 자아를 만들기 위해 [앞으로 나는 ~ 할 것이다.]처럼 실천의 의지와 미래의 모습을 동시에 담아낸다면 훌륭한 마무리라 할 수 있다.

WWH131 은 누구나 쉽게 쓰는 글쓰기 방식이다.

왜냐하면,

첫째, 키워드 글쓰기다. 三讀(삼독)의 의미를 키워드를 통해 정확하게 표현함으로써 책의 집필 의도와 책의 내용, 독서 후 실천방안을 기술하여 도서를 주관적이면서도 객관적으로 바라볼 수 있는 힘을 길러주기 때문이고,

둘째, 시스템 글쓰기다. 전문 작가들조차도 부담스러워 하는 글쓰기를 누구라도 쉽게 글을 쓸 수 있도록 시작부터 마무리를 일정한 틀을 이용함으로써 글쓰기 대중화를 이끌어 낸 글쓰기라고 할 수 있기 때문이며,

셋째, 패턴 글쓰기다. 6개의 키워드(WWH131)를 중심으로 시작-연결- 마무리에 따른 시작과 종결어미까지 세부적으로 제시된 패턴대로 글을 쓸 수 있도록 돕는 글쓰기 교본과도 같기 때문이다.

패턴을 넘어 자신만의 문체로

자신만의 문체를 만드는 것은 마치 자기만의 길을 가는 것, 즉 자신만의 삶을 찾는 것과 같다. 그러나 하늘 아래 새것이 없듯이 인간에겐 처음부터 창조란 없다. 모방을 통해 창조적 모방이 만들어지며 그것을 우리는 창의성이라고 부른다. 패턴 글쓰기에 익숙해지면 어느 순간 패턴을 넘어 자신만의 문체가 형성될 것이다. 마치 일상의 틀에 갇힌 과거의 자신을 뛰어넘어 '그 무엇'이 되는 것처럼 말이다.

부록 2 | WWH131의 글쓰기의 다양한 사례

서평자: 권순부

도서평점: ★★★★

소속: 천안서여자중학교 국어교사

도서명: 세상을 다시 그린다면

저자: 다니엘피쿨리 지음

출판사: 이마주

연도: 2014

(W) **(작가는 왜 이 책을 썼을까?) / 저술목적**

이 책의 작가는 어린이 독자들에게 각자가 꿈꾸는 세상을 용기 내어 도전해보라고 이 책을 저술했다.

(W) **(작가는 무엇을 말하는가?) / 핵심적인 내용**

이 책의 전반부에서는 세상을 다시 그린다면 어떤 세상을 그리고 싶은지 이야기하고 있고, **이 책의 중반부**에서는 내가 그리는 세상이 다른 사람들과 어떻게 다른지 이야기하고 있으며, **이 책의 후반부**에서는 어른들이 망쳐놓은 세상을 다시 그리는 것은 아이들의 몫이라 이야기하고 있다.

(H) **(나에게 어떻게 적용할 것인가?) / 실천사항**

앞으로 나는 우리 아이들이 살아갈 세상이 더 나은 세상이 될 수 있도록 노력하고, 아이들이 용기 내어 세상의 변화를 이끌어 낼 수 있도록 격려할 것이다.

1 | 생각 [나는 ~ 라고 생각한다] / 주장·평가

나는 다니엘피쿨리의 '세상을 다시 그린다면'은 아이들뿐만 아니라 어른들에게도 우리가 사는 세상에 대해 고민하고 더 나은 세상을 꿈꿀 수 있는 용기를 낼 수 있게 만드는 좋은 책이라 생각한다.

3 | 이유 [왜냐하면] / 내 생각에 대한 이유 3가지

왜냐하면, **첫째,** 지금보다 더 나은 세상에 대해 진지하게 생각해볼 수 있게 되기 때문이고, **둘째,** 어린아이들에게 더 나은 세상을 꿈꿀 수 있는 용기를 줄 수 있기 때문이며, **셋째,** 어른들은 자신들이 만들어놓은 세상에 대해 다시 한 번 생각하고 반성할 수 있는 계기가 되기 때문이다.

1 | 결론 [그래서, 나는 ~ 라고 생각한다] / 2% 평가

그래서, 나는 다니엘피쿨리의 '세상을 다시 그린다면'이 우리가 사는 세상을 더 나은 세상으로 만들 수 있게 할 수 있는 좋은 책이라 생각한다.

2% 하지만,
이 글을 읽는 아이들이 우리가 살아가는 세상을 부정적으로만 인식할 수 있게 만드는 것이 아닌지 의문이다.

내 마음속에 남은 한 문장

"그래 맞아, 쉬운 일이 아니지. 하지만 뭐 어때, 어렵다고 못 할 것이 없잖아."

김을호의 **W.W.H / 1.3.1** A4서평

서평자: 김경애
도서평점: ★★★★★
소속: 국민독서문화진흥회 선임연구원
도서명: 꼬물이와 꿈틀이
저자: 로버트 O. 브루엘 지음
출판사: 웅진주니어
연도: 2008

W **(작가는 왜 이 책을 썼을까?) / 저술목적**

이 책의 작가는 살아가는 환경이 다르지만 소중함을 알게 되는 따뜻한 우정이야기를 알려주려고 이 책을 저술했다.

W **(작가는 무엇을 말하는가?) / 핵심적인 내용**

이 책의 전반부에서는 따뜻한 봄날 아주 친한 두 친구 애벌레 꼬물이와 지렁이 꿈틀이가 풀밭에서 놀기도 하고, 나뭇잎에 올라타기도 하며 날마다 즐겁게 지내는 이야기를 하고 있고, **이 책의 중반부**에서는 꼬물이는 나무 꼭대기까지 올라가 번데기가 되고 나비가 되어 날아다니고 꿈틀이는 나무뿌리까지 내려가 땅속을 헤집고 다니며 지내다가 함께 즐겁게 놀던 일이 그리워져 서로를 찾아가는 이야기를 하고 있으며, **이 책의 후반부**에서는 나비로 바뀐 꼬물이를 본

꿈틀이가 부러워하자 꼬물이는 꿈틀이가 땅속을 헤집고 다니며 흙을 좋게 만들어준 덕분에 나무가 잘 자라고 싱싱한 나뭇잎을 먹어서 날개가 생긴 거라고 이게 꿈틀이 덕분이며 소중한 친구라고 하는 이야기를 하고 있다.

Ⓗ **(나에게 어떻게 적용할 것인가?) / 실천사항**

앞으로 나는 청소년교육 관련 공부를 하여 아이들의 고충을 들어주고 상담해주기도 하며 다른 친구의 소중함을 알게 하여 앞으로 자라나는 아이들의 미래가 더 밝아질 수 있도록 노력할 것이다.

1 | 생각 [나는 ~ 라고 생각한다] / 주장.평가

나는 로버트 O. 브루엘 작가가 쓴 '꼬물이와꿈틀이'가 친구의 입장을 헤아리지 못하는 청소년들에게 자신을 돌아보고 친구를 존중해주는 마음을 일깨워주는 좋은 책이라고 생각한다.

3 | 이유 [왜냐하면] / 내 생각에 대한 이유 3가지

왜냐하면, **첫째,** 자라면서 사는 곳도 달라지고 생김새도 달라졌지만 함께 지냈던 지난날이 그리워 서로를 찾아갔기 때문이고, **둘째,** 자신은 아무것도 하지도 않고 변한 것도 없는 것 같다고 하는 꿈틀이에게 꼬물이는 먹기만 하고 잠만 잤다면서 겸손해하면서 꿈틀이가 좋은 흙을 만들어주어 나비가 될 수 있었다고 용기를 북돋워 주었기 때문이며, **셋째,** 꼬물이가 이렇게 변할 수 있었던 건 다 꿈틀이 덕분이라며 가장 소중한 내 친구라고 말했기 때문이다.

1 | 결론 [그래서, 나는 ~ 라고 생각한다] / 2% 평가

그래서 나는 로버트 O. 브루엘 작가가 쓴 '꼬물이와꿈틀이'가 친구의 입장을 헤아리지 못하는 청소년들에게 자신을 돌아보고 친구를 존중해주는 마음을 일깨워주는 좋은 책이라고 생각한다.

2% 하지만,

변화된 모습으로 만난 후에 함께하는 이야기가 없어서 아쉽다.

"다 네 덕분이야. 너는 가장 소중한 내 친구야."

김을호의 W.W.H / 1.3.1 A4서평

서평자: 양미영

평점: ★★★☆

소속: 국민독서문화진흥회 선임연구원

도서명: 아무거나 먹어 치우는 늑대

저자: 크리스토퍼도네 지음.

출판사: 파란자전거

연도: 2014

(작가는 왜 이 책을 썼을까?) / 저술목적

이 책의 작가는 "신경증(노이로제)이란 마땅히 겪어야 할 고통을 회피한 결과다."라는 말처럼 즐거움을 뒤로 미룰 줄은 모르고, 눈앞의 만족감을 선택하면서 따라오게 되는 고통의 대가가 자신의 인생에 어떠한 불편함으로 오게 되는지 깨닫게 하려고 이 책을 저술했다.

(작가는 무엇을 말하는가?) / 핵심적인 내용

이 책의 전반부에서는 당장의 배고픔을 이기지 못하는 늑대가 마구잡이로 먹어버린 대상으로부터 얻게 된 나쁜 버릇들을 보여주는 이야기를 하고 있고, **이 책의 중반부**에서는 늑대가 느끼는 불편한 버릇이 어디에서 왔는지 알면서도 다시 찾아오는 배고픔을 이기지 못해 같은 실수를 반복하는 이야기를 하고 있으며, **이 책의 후반부**에서는 새롭게 가지게 된 나쁜 버릇들을 고칠 수 없다며 끝까지 남의 탓을 하는 모습을 보여주는 이야기를 하고 있다.

(나에게 어떻게 적용할 것인가?) / 실천사항

앞으로 나는 눈앞에 열린 고통을 피하고 덮어버려도 찾아오게 되는 다음의 고통과 문제를 불편을 따르더라도 반드시 우선순위별로 해결하며 살아가야 할 것이다.

1 | 생각 [나는 ~ 라고 생각한다] / 주장·평가

나는 크리스토퍼도네 작가가 저술한 '아무거나 먹어 치우는 늑대'는 눈앞의 이익을 위해 당장의 문제를 피하려다 더 큰 화가 기다리고 있다는 사실을 모르고 캔디스토어를 찾는 이들에게 추천하면 좋을 책이라고 생각한다.

3 | 이유 [왜냐하면] / 내 생각에 대한 이유 3가지

왜냐하면, **첫째,** 지극히 말초적인 쾌락에 끌려다니다 보면 그 끝을 탐닉하고자 이성을 앞서는 행동으로 자아를 상실하는 이야기를 엿볼 수 있기 때문이고, **둘째,** 고통을 피하려 문제를 회피하다 보면 결과적으로 문제 안에서 더 큰 고통을 불러올 수 있다는 사실을 알 수 있기 때문이며, **셋째,** 즐거움을 뒤로 미룰 줄 알고 자제력을 갖춘 이들이 눈앞에 놓인 고통을 이겨낸 보상으로 스스로를 성장시킬 수 있을 가능성을 보여주는 이야기를 알려주기 때문이다.

1 | 결론 [그래서, 나는 ~ 라고 생각한다] / 2% 평가

그래서 나는 크리스토퍼도네 작가가 저술한 '아무거나 먹어 치우는 늑대'가 매 순간 달콤함만 쫓아 자신을 잃어버리는 현대인들에게 추천하면 좋을 책이라고 생각한다.

2% 하지만,

사람과 동물을 가리지 않고 먹어 치우는 그림들이 그림책을 접하는 독자층을 제한하는 느낌이 들어서 아쉽다.

내 마음속의 한 문장

"지금껏 삼킨 버릇들이 한꺼번에 쏟아져 나와 무척 외로웠어요."

서평자: 안지우

도서평점: ★★★★★

소속: 무학중학교

도서명: 트루먼 스쿨 악플 사건

저자: 도리 힐레스타드 버틀러 지음

출판사: 미래인

연도: 2009

(작가는 왜 이 책을 썼을까?) / 저술목적

이 책의 작가는 때로 장난처럼 느껴지는 학교폭력과 사이버폭력이 누군가에겐 큰 상처를 준다는 사실을 청소년들에게 알려주려고 이 책을 저술했다.

(작가는 무엇을 말하는가?) / 핵심적인 내용

이 책의 전반부에서는 주인공 학생들이 자유로운 이야기를 나눌 수 있는 공간을 만들 목적으로 학교사이트를 제작하는 내용을 이야기하고 있고, 이 **책의 중반부**에서는 사이트가 본래의 의도와는 달리 특정 인물을 괴롭히기 위한 목적으로 오용되는 내용을 이야기하고 있으며, **이 책의 후반부**에서는 지속적으로 악성 게시글을 올린 학생이 누구인지 찾아내고 앞으로는 같은 일이 생기지 않게 막으려는 내용을 이야기하고 있다.

(나에게 어떻게 적용할 것인가?) / 실천사항

앞으로 나는 학교폭력과 사이버폭력의 위험성을 알고 나의 말이나 인

터넷 게시글이 누군가에게 상처를 주진 않을지 신중히 생각해볼 것이다.

1 | 생각 [나는 ~ 라고 생각한다] / 주장·평가

나는 도리 힐레스타드 버틀러가 쓴 '트루먼 스쿨 악플 사건'이 청소년들의 학교폭력과 사이버폭력을 예방하는 데 도움을 준다고 생각한다.

3 | 이유 [왜냐하면] / 내 생각에 대한 이유 3가지

왜냐하면 **첫째,** 사이버폭력과 그에 이어지는 학교폭력을 당하는 피해자의 상황과 심정이 잘 묘사되어 있어 폭력의 위험성과 두려움을 느낄 수 있기 때문이고, **둘째,** 등장인물들이 그런 폭력을 심각히 여기지 않는 모습을 통해 자신도 폭력을 장난처럼 여겼는지 반성해볼 수 있기 때문이며, **셋째,** 폭력의 가해자와 피해자가 뒤바뀌는 모습을 보고 타인에게 폭력을 가하는 것은 자신에게도 해가 된다는 사실을 깨닫게 되기 때문이다.

1 | 결론 [그래서, 나는 ~ 라고 생각한다] / 2% 평가

그래서 나는 도리 힐레스타드 버틀러가 쓴 '트루먼 스쿨 악플 사건'이 청소년들의 학교폭력과 사이버폭력을 예방하는 데 도움을 준다고 생각한다.

2% 하지만,
폭력을 목격하였음에도 올바르게 대처하지 않은 작품 속 선생님의 행동에 대한 비판이 부족한 것이 아쉽다.

내 마음속에 남은 한 문장

"아무도 당신을 지켜보지 않을 때, 혹은 아무도 당신이 누구인지 모를 때……
그 모습이 진정한 당신의 모습이다!"

김을호의 **W.W.H / 1.3.1** A4서평

감상평자 : 김희숙

평점 : ★★★★★

작품명 : 지상의 별처럼

연출자 : 아미르 칸

제작사 : 에로스 인터내셔널

연도 : 2012

W (감독은 왜 이 영화를 만들었을까?) / 저술목적

이 작품의 연출자는 성적 위주로 흘러가는 교육 현실에 경종을 울리고
모든 아이는 특별한 존재임을 일깨워 주려고 이 영화를 기획했다.

W (감독은 무엇을 말하는가?) / 핵심적인 내용

이 작품의 전반부에서는 난독증이라는 학습장애를 가진 '이샨'이 또래 아
이들보다 공부를 못해서 가족들과 떨어져 기숙학교로 가게 된 이야기를 하고
있고, **이 작품의 중반부**에서는 주인공 '이샨'이 기숙학교에서 스파르타식 주입식
교육을 받으며 일상에서 벗어나고 싶은 이야기를 하고 있으며, **이 작품의 후반부**
에서는 새로 부임한 미술선생님이 이샨에게서 풍부한 상상력과 빼어난 예술적
재능을 발견하게 된다는 이야기를 하고 있다.

앞으로 나는 과열된 교육환경에 흔들리지 않고 인생에 있어서 부모의 역할도가 얼마나 중요한지 깊이 반성하고 우리 아이들의 역량이 무엇인지 잘 살펴보고 항상 대화하며 소통할 것이다.

1 | 생각 [나는 ~ 라고 생각한다] / 주장.평가

나는 아미르 칸 감독이 연출한 '지상의 별처럼'이란 영화가 대한민국의 모든 교육계 종사자와 부모들에게 아이들은 특별한 존재임을 깨닫게 해주는 좋은 영화라고 생각한다.

3 | 이유 [왜냐하면] / 내 생각에 대한 이유 3가지

왜냐하면, **첫째,** 대한민국의 오늘날 주입식 교육과 입시 위주의 교육환경에서 우리 아이들이 현재 모습을 되돌아볼 수 있는 시간이 되었기 때문이고, **둘째,** 내 아이가 현재 진심으로 원하는 게 무엇인지 학부모가 아닌 부모의 마음으로 다시 한 번 생각해볼 수 있는 시간이 되기 때문이며, **셋째,** 모든 아이는 특별한 존재임을 깨닫는 시간이 되기 때문이다.

1 | 결론 [그래서, 나는 ~ 라고 생각한다] / 2% 평가

그래서 나는 아미르 칸 감독이 연출한 '지상의 별처럼'이란 영화가 대한민국의 모든 교육계 종사자와 부모들에게 아이들은 특별한 존재임을 깨닫게 해주는 좋은 영화라고 생각한다.

2% 하지만,

대한민국의 과열된 교육현장에서 과연 나는 흔들리지 않고 내 아이들에게 응원해 줄 수 있는 용기가 있을지 의문이다.

"행복이 있는 곳에 너의 길이 있어!"

김을호의 W.W.H / 1.3.1 A4서평

문화감상평자 : 류명오

평점 : ★★★★★

영화명 : 라라랜드

감독 : 데미언 채즐

연도 : 2016

Ⓦ (감독은 왜 이 영화를 제작했을까?) / 제작목적

이 영화의 감독은 뮤지컬이 흐르는 영화를 통해 꿈이 있으나 좌절에 빠져 있는 미완성의 청년들에게 열정과 희망을 심어주고 꿈을 이루는 과정을 보여주고자 이 영화를 제작했다.

Ⓦ (감독은 무엇을 말하는가?) / 핵심적인 내용

이 영화의 전반부에서는 배우지망생인 여자 주인공과 재즈 피아니스트를 꿈꾸는 남자 주인공이 오디션과 취업에 번번이 실패를 거듭하여 좌절하는 모습을 이야기하고 있고, **이 영화의 중반부**에서는 두 주인공이 우연히 만나 서로의 처지에 공감하고, 각자의 꿈을 이룰 수 있도록 희망과 용기를 주면서도 사랑과 일 사이에서 갈등하는 모습을 이야기하고 있으며, **이 영화의 후반부**에서는 두 주인공이 좌절에서 벗어나 서로의 사랑을 포기하면서까지 각자의 꿈을 이루어 낸 모습과 두 사람의 사랑이 이뤄지지 못한 아쉬움을 이야기하고 있다.

(H) **(나에게 어떻게 적용할 것인가?) / 실천사항**

앞으로 나는 이 영화를 통해 우리 아들, 딸과 많은 청춘들이 자신만의 꿈을 품고 그 꿈을 포기하지 않도록 용기와 희망을 주는 한편, 나 또한 그러한 모습을 보여주려고 노력할 것이다.

1 | 생각 [나는 ~ 라고 생각한다] / 주장.평가

나는 데미언 채즐이 감독한 '라라랜드'가 꿈과 희망, 사랑과 열정, 좌절과 용기, 이상과 현실을 잘 묘사한 훌륭한 영화라고 생각한다.

3 | 이유 [왜냐하면] / 내 생각에 대한 이유 3가지

왜냐하면, **첫째,** 이 영화는 한 편의 뮤지컬이라고 할 만큼 아름다운 뮤직과 함께 꿈을 가진 젊은이들이 이상과 현실 사이에서 고뇌하고 좌절하는 모습을 잘 묘사하고 있기 때문이고, **둘째,** 인생에서 가장 빛나는 순간에 만난 두 남녀가 열정적인 사랑을 통해 서로에게 용기를 주면서 꿈과 희망을 잃지 않고 도전하는 모습을 현실감 있게 묘사하고 있기 때문이며, **셋째,** 두 젊은이가 사랑을 포기하면서까지 자신의 꿈을 좇아 떠나고 결국은 그 꿈을 이루는 장면과 함께 '만약 그랬다면 어땠을까?'라는 관객의 심리를 잘 표현하고 있기 때문이다.

그래서 나는 데미언 채즐이 감독한 '라라랜드'가 꿈과 희망, 사랑과 열정, 좌절과 용기, 이상과 현실을 잘 묘사한 훌륭한 영화라고 생각한다.

2% 하지만,

사랑했던 두 주인공이 마지막에 어떻게 헤어졌는지 묘사되지 않은 점이 아쉽다.

"꿈꾸는 사람들을 위하여, 부서진 가슴들을 위하여!"

김을호의 **W.W.H / 1.3.1** A4서평

문화감상평자 : 박진희 (대동세무고등학교 1학년)

평점 : ★★★

작품명 : 인천상륙작전

연출자 : 이재한

제작사 : 한국영화주식회사

연도 : 2016

(감독은 왜 이 영화를 만들었을까?) / 저술목적

이 작품의 감독은 인천상륙작전에 대해서 생각할 때 '맥아더 장군'만 떠올리는 우리들에게 애국심을 심어주고 인천상륙작전은 맥아더 장군과 그 외 많은 한국인의 희생으로 이루어졌다는 사실을 알려주려고 이 영화를 제작했다.

(W) **(감독은 무엇을 말하는가?) / 핵심적인 내용**

이 작품의 전반부에서는 1950년 6월 25일 북한의 기습 남침으로 사흘 만에 서울이 함락되고, 한 달 만에 낙동강 지역을 제외하고 한반도 전 지역을 대한민국이 빼앗긴 상황과 그 이후, 맥아더 장군의 작전 지휘의 시작을 이야기하고 있고, **이 작품의 중반부**에서는 맥아더 장군의 지휘에 따라서 '장학수'를 포함한 여러 대원들이 'X-RAY작전'에 투입되어 북한군으로 위장하여 목숨 걸고 작전을 수행하는 상황을 이야기하고 있으며, **이 작품의 후반부**에서는 'X-RAY 작전'의 성공으로 맥아더 장군이 인천에 상륙하고 비록 X-RAY팀 대원들은 모두 전사하셨지만, 그들의 희생으로 불가능과 같은 5000:1의 확률을 깨고 인천상륙작전에 성공하는 이야기를 하고 있다.

(H) **(나에게 어떻게 적용할 것인가?) / 실천사항**

앞으로 나는 외울 것도 많고 지루해서 자세히 역사를 파고드는 것을 꺼렸었지만, 이제는 애국심을 가지고 X-RAY팀처럼 나라를 위해 희생을 하지는 못해도 역사를 바르게 알 수 있게 노력하고 많은 분들이 희생하신 것처럼 내가 나라를 위해 할 수 있는 일이 생긴다면 최선을 다할 것이다.

1 | 생각 [나는 ~ 라고 생각한다] / 주장.평가

나는 이재한 감독이 제작한 '인천상륙작전'이 한창 역사를 배우고 있는 사람들이 역사에 대한 생각에 변화를 가질 수 있는 아주 좋은 영화라고 생각한다.

3 | 이유 [왜냐하면] / 내 생각에 대한 이유 3가지

왜냐하면, **첫째,** 지루하고 딱딱하고 암기만 주구장창 하던 역사를 영화화하다 보니 이야기가 머릿속에 쉽게 정리가 되고 지루함이 점점 사라져서 역사에 대한 지루함이 사라지고 흥미가 생길 수 있기 때문에, **둘째,** 목숨 걸고 작전에 임하는 대원들의 모습을 보고 많은 분들의 희생을 떠올리면서 애국심을 가질 수 있기 때문에, **셋째,** 애국심을 가지고 역사를 제대로 알고 잘못된 역사를 정당한 방법으로 되찾기 위해 노력할 수 있기 때문이다.

1 | 결론 [그래서, 나는 ~ 라고 생각한다] / 2% 평가

그래서, 나는 이재한 감독이 제작한 '인천상륙작전'이 한창 역사를 배우고 있는 사람들이 역사에 대한 생각에 변화를 가질 수 있는 아주 좋은 영화라고 생각한다. 하지만, 림계진(이범수)과 양학수(이정재)가 죽기 직전에 죽기 직전이라기에는 너무 멀쩡했다는 점에서 작품의 퀄리티가 약간 떨어져 아쉽다.

내 마음속에 남은 명대사
"사람은 나이 들었다고 늙지 않아! 이상을 버린 순간 영혼이 주름지지!"

평점 : ★★★★★
감상평자 : 김동욱
연출자 : 시즈노 코분
작품명 : 명탐정코난- 순흑의 악몽
제작사 : TMS 엔터테인먼트
연도 : 2016

W (감독은 왜 이 영화를 만들었을까?) / 저술목적

이 작품의 연출자는 우리에게 사람은 마음먹은 대로 노력하면 무엇이든지 해낼 수 있다는 것을 알려주기 위해 이 영화로 기획했다.

W (감독은 무엇을 말하는가?) / 핵심적인 내용

이 작품의 전반부에서는 검은 조직 멤버인 큐라소가 국가정보원에 잠입하였다가 경찰들과 추격전을 벌이는 과정에서 교통사고로 기억을 잃게 되고, 수족관에서 코난 일행을 만나게 되면서 아이들이 기억을 찾을 수 있게 큐라소를 돕고 있는 과정을 이야기하고 있고, **이 작품의 중반부**에서는 전 세계 주요 스파이들이 제거되는 사건이 발생한다. 한편 코난은 FBI, 경찰, CIA가 큐라소를 쫓고 있음을 알게 되고 검은 조직마저도 그녀를 쫓게 되면서 관람차를 분리시켜 큐라소를 잡아가려는 계획이 진행되고 있다는 걸 알게 된다. 그러나 관람차에는 불행하게도 코난 일행이 타고 있었고 점점 위험해져 가는 상황을 이야기하고 있으며, **이 작품의 후반부**에서는 큐라소가 기억을 찾게 되고 자신을 도와준 어린 친구들이 위험한 상황에서 스파이 조직원인 자신의 신분에서 갈등하다가 코난 일행을 구하는 과정에서 죽고 만다. 다행히 코난이 불어나는 축구공으로 관람차를 멈추게 하여 더 이상의 인명피해는 막게 되었다는 이야기를 하고 있다.

Ⓗ (나에게 어떻게 적용할 것인가?) / 실천사항

앞으로 나는 위험한 일이 생겨도 침착하게 잘 생각해서 해결방법을 찾아 나갈 것이다.

1 | 생각 [나는 ~ 라고 생각한다] / 주장·평가

나는 시즈노 코분 감독의 '명탐정 코난·순흑의 악몽'이라는 영화가 우리 어린이들에게 과학과 논리적 사고력이 얼마나 중요한지 알려주는 재미있고 좋은 영화라고 생각한다.

3 | 이유 [왜냐하면] / 내 생각에 대한 이유 3가지

왜냐하면, **첫째,** 홍미진진한 장면이 많이 나와서 긴장감을 높이기 때문이고, **둘째,** 위험한 상황을 잘 대처하는 법을 배울 수 있기 때문이며, **셋째,** 사람은 마음먹은 대로 행동하면 어떤 색이든 자신이 원하는 색이 될 수 있다는 것을 잘 알려주기 때문이다.

1 | 결론 [그래서, 나는 ~ 라고 생각한다] / 2% 평가

그래서, 나는 시즈노 코분 감독의 '명탐정 코난·순흑의 악몽'이라는 영화가 지금 꿈을 키워가는 우리 어린이가 볼만한 재미있고 좋은 영화라고 생각한다.

2% 하지만,

검은 조직이 사람을 죽이고 협박하는 잔인한 장면이 조금 아쉽다.

"나도 내 운명 속에서 도망치긴 싫어."

김을호의 **W.W.H / 1.3.1** A4서평

체험평자 : 허윤지

축제명 : 무주 반딧불 축제(자연의 빛, 생명의 빛, 미래의빛)

축제기간 : 2016.8.27.~9.4

지자체 : 전북 무주

평점 : ★★★★☆

W **(지자체는 왜 이 축제를 기획했을까?) / 기획의도**

이 축제를 기획한 전북 무주 지자체는 천연기념물 제322호로 지정돼있는 '반딧불이'를 소재로 많은 사람들이 자연 속에서 자연을 배우며 자연을 즐기는 체험을 하도록 이 축제를 기획했다.

W **(지자체는 축제를 통해 무엇을 전달하고자 하는가?) / 핵심적인 축제내용**

이 축제의 전반기에서는 환경, 곤충 체험, 무주 전통문화·민속 체험 및 군민들의 예술·문화공연을 관람을 체험할 수 있었고, **이 축제의 중반기**에서는 전국 환경 예술대전 글짓기, 그림대회와 주민 노래자랑 및 전통 놀이를 체험할 수 있었으며, **이 축제의 후반기**에서는 남대천 송어 잡기 체험과 무주 군민 화합의 공연을 체험할 수 있었다.

Ⓗ (나는 이 축제를 어떻게 활용할 것인가?) / 활용 방안

앞으로 나는 아이와 함께 자연의 소중함을 즐겁게 체험하며 배울 수 있도록 다시 한 번 축제에 참여하도록 할 것이다.

1 | 생각 [나는 ~라고 생각한다] / 평가·감상

나는 전북 무주 지자체가 기획한 '무주 반딧불' 축제가 남녀노소 누구에게나 자연의 소중함을 느끼게 해준다는 점에서 좋은 축제라고 생각한다.

3 | 이유[왜냐하면] / 내 생각에 대한 이유 3가지

왜냐하면, **첫째,** 어른들은 어린 시절 흔히 봤던 '반딧불이'를 보고 어릴 적 추억을 떠올리며 다시 한 번 자연의 소중함을 깨달을 수 있기 때문이고, **둘째,** 아이들은 곤충 생태 전시 체험을 통해 자연과 생명의 소중함을 배울 수 있기 때문이며, **셋째,** 각종 요리에 접목된 곤충이 미래의 식량 자원이 될 수도 있다는 새로운 사실을 알 수 있었기 때문이다.

1 | 결론 [그래서, 나는 ~라고 생각한다] / 2% 평가

그래서, 나는 전북 무주 지자체가 기획한 '무주 반딧불' 축제가 남녀노소 누구에게나 자연의 소중함을 느끼게 해준다는 점에서 좋은 축제라고 생각한다.

2% 하지만,

자신의 소망을 적은 풍선을 하늘로 날리는 '소망풍선 날리기'를 몇 차례에 걸쳐 진행하는 모습은 자칫 자연을 훼손시킬 수 있다는 점에서 자연의 소중함을 강조하는 이 축제의 취지와 맞지 않는 것 같아 매우 아쉽다.

"엄마 우리 동네에서도 반딧불이 같은 희귀 곤충을 볼 수 있었으면 좋겠어요."

김을호의 # W.W.H / 1.3.1 A4서평

서평자 ___________________   평점 ☆☆☆☆☆   작성일 ___월___일

도서명, 저자, 출판사, 연도
예) 행복독서법, 김을호 지음, 푸른영토, 2013
____

<table><tr><td>따
W</td><td>따
W</td><td>하
H</td></tr></table>

<table><tr><td>닐
1</td><td>쌈
3</td><td>일
1</td></tr></table>

Why [작가는 **왜** 이책을 썼을까?] / 저술 목적
이 책의 작가는…

~ 알려주려고(깨닫게 하려고) 이 책을 저술했다.

What [작가는 **무엇을** 말하는가?] / 핵심적인 내용
이 책의 전반부에서는

~ 이야기 하고 있고,

이 책의 중반부에서는

~ 이야기 하고 있으며,

이 책의 후반부에서는

~ 이야기 하고 있다.

How [나에게 **어떻게** 적용할 것인가?] / 실천 사항
앞으로 나는

~ 할 것이다.

① 생각 [나는 ~라고 생각한다] / 주장.평가
나는 OOO 작가가 쓴 '도서명'(대상)(어떤점)이 좋은 책이라고 생각한다.

③ 이유 [왜냐하면] / 내 생각에 대한 이유 3가지
왜냐하면.

첫째,

~ 때문이고(때문에),

둘째,

~ 때문이며(때문에),

셋째,

~ 때문이다.

① 결론 [그래서, 나는~라고 생각한다] / 2%평가
그래서, 나는 OOO 작가가 쓴 '도서명' (대상) (어떤점)이 좋은 책이라고 생각한다.

2%하지만(그러나)…

~ 아쉽다.

내 마음속에 남은 한문장

김을호의 # **W.W.H / 1.3.1** A4서평

서평자 __________________________   평점 ☆☆☆☆☆   작성일 ____월___일

도서명, 저자, 출판사, 연도
예) 행복독서법, 김을호 지음, 푸른영토, 2013   ____________ . ____________ . ____________

<table>
<tr><td colspan="2" align="center">따 따 하
W W H</td><td colspan="2" align="center">닐 쌈 일
1 3 1</td></tr>
</table>

Why [작가는 **왜** 이책을 썼을까?] / 저술 목적
이 책의 작가는…

~ 알려주려고(깨닫게 하려고) 이 책을 저술했다.

① 생각 [나는 ~라고 생각한다] / 주장.평가
나는 OOO 작가가 쓴 '도서명'(대상)(어떤점)이 좋은 책이라고 생각한다.

What [작가는 **무엇을** 말하는가?] / 핵심적인 내용
이 책의 전반부에서는

~ 이야기 하고 있고,

이 책의 중반부에서는

~ 이야기 하고 있으며,

이 책의 후반부에서는

~ 이야기 하고 있다.

③ 이유 [왜냐하면] / 내 생각에 대한 이유 3가지
왜냐하면,

첫째,

둘째,   ~ 때문이고(때문에),

셋째,   ~ 때문이며(때문에),

~ 때문이다.

How [나에게 **어떻게** 적용할 것인가?] / 실천 사항
앞으로 나는

~ 할 것이다.

① 결론 [그래서, 나는~라고 생각한다] / 2%평가
그래서, 나는 OOO 작가가 쓴 '도서명' (대상) (어떤점)이 좋은 책이라고 생각한다.

2%하지만(그러나)…

~ 아쉽다.

내 마음속에 남은 한문장

김을호의 # W.W.H / 1.3.1 A4서평

서평자 _______________________ | 평점 ☆☆☆☆☆   작성일 ____월___일

도서명, 저자, 출판사, 연도
예) 행복독서법, 김을호 지음, 푸른영토, 2013

<table>
<tr><td>따
W</td><td>따
W</td><td>하
H</td></tr>
</table>

<table>
<tr><td>닐
1</td><td>쌈
3</td><td>일
1</td></tr>
</table>

Why [작가는 **왜** 이책을 썼을까?] / 저술 목적
이 책의 작가는…

~ 알려주려고(깨닫게 하려고) 이 책을 저술했다.

What [작가는 **무엇을** 말하는가?] / 핵심적인 내용
이 책의 전반부에서는

~ 이야기 하고 있고,

이 책의 중반부에서는

~ 이야기 하고 있으며,

이 책의 후반부에서는

~ 이야기 하고 있다.

How [나에게 **어떻게** 적용할 것인가?] / 실천 사항
앞으로 나는

~ 할 것이다.

① 생각 [나는 ~라고 생각한다] / 주장.평가
나는 OOO 작가가 쓴 '도서명'(대상)(어떤점)이 좋은 책이라고 생각한다.

③ 이유 [왜냐하면] / 내 생각에 대한 이유 3가지
왜냐하면,

첫째,

~ 때문이고(때문에),

둘째,

~ 때문이며(때문에),

셋째,

~ 때문이다.

① 결론 [그래서, 나는~라고 생각한다] / 2%평가
그래서, 나는 OOO 작가가 쓴 '도서명' (대상) (어떤점)이 좋은 책이라고 생각한다.

2%하지만(그러나)…

~ 아쉽다.

내 마음속에 남은 한문장

김을호의 **W.W.H / 1.3.1** A4서평

서평자 ____________________   평점 ☆☆☆☆☆   작성일 ____월____일

도서명, 저자, 출판사, 연도
예) 행복독서법, 김을호 지음, 푸른영토, 2013

____

<table>
<tr><td align="center">따
W</td><td align="center">따
W</td><td align="center">하
H</td></tr>
</table>

<table>
<tr><td align="center">닐
1</td><td align="center">쌈
3</td><td align="center">일
1</td></tr>
</table>

Why [작가는 **왜** 이책을 썼을까?] / 저술 목적
이 책의 작가는…

~ 알려주려고(깨닫게 하려고) 이 책을 저술했다.

What [작가는 **무엇을** 말하는가?] / 핵심적인 내용
이 책의 전반부에서는

~ 이야기 하고 있고,

이 책의 중반부에서는

~ 이야기 하고 있으며,

이 책의 후반부에서는

~ 이야기 하고 있다.

How [나에게 **어떻게** 적용할 것인가?] / 실천 사항
앞으로 나는

~ 할 것이다.

① 생각 [나는 ~라고 생각한다] / 주장.평가
나는 OOO 작가가 쓴 '도서명'(대상)(어떤점)이 좋은 책이라고 생각한다.

③ 이유 [왜냐하면] / 내 생각에 대한 이유 3가지
왜냐하면,

첫째,

~ 때문이고(때문에),

둘째,

~ 때문이며(때문에),

셋째,

~ 때문이다.

① 결론 [그래서, 나는~라고 생각한다] / 2%평가
그래서, 나는 OOO 작가가 쓴 '도서명' (대상) (어떤점)이 좋은 책이라고 생각한다.

2%하지만(그러나)…

~ 아쉽다.

내 마음속에 남은 한문장